AF129547

Ce livre appartient à

ANNE-MARIE GAIGNARD

HUGO
prend son envol

UN CONTE POUR APPRENDRE À TRAVAILLER SEUL

Illustrations de François Saint Remy

DIRECTION ÉDITORIALE : MÉLANIE LOUIS
ÉDITION : CHARLOTTE LEBOT
CORRECTION : CATHERINE LAINÉ
FABRICATION : STÉPHANIE PARLANGE
MISE EN PAGE : ALINÉA

© Le Robert, 2021. 92 avenue de France – 75013 Paris.
ISBN : 978-2-32101-642-7
Tous droits de reproduction, de traduction et d'adaptation réservés pour tous pays.
N° éditeur : 10268067 - Dépôt légal : janvier 2021
Achevé d'imprimer en Espagne en janvier 2021 par Graficas Estella

SOMMAIRE

Lettre aux parents   5

Chapitre 1 • La colère monte…   9

Chapitre 2 • Rendez-vous sur la planète Hora   16

Chapitre 3 • Le plus beau des voyages !   26

Chapitre 4 • Une étrangère dans la maison   36

Chapitre 5 • Nina se transforme en espionne   46

Chapitre 6 • Hugo adore avoir un petit coup d'avance   56

Chapitre 7 • Hugo prend de la hauteur   67

Chapitre 8 • Un sauvetage dans les airs   77

Épilogue   88

À moi de gagner 1 • J'apprends à gérer mon temps après l'école   22

À moi de gagner 2 • J'apprends à travailleur seul(e) à ma façon   24

À moi de gagner 3 • Je découvre la constellation des C   32

À moi de gagner 4 • J'apprends le courage et je retrouve un état d'esprit positif   34

À moi de gagner 5 • Je m'entraîne comme les grands sportifs   44

À moi de gagner 6 • Je travaille autrement   52

À moi de gagner 7 • Je pratique l'école inversée   65

À moi de gagner 8 • Je sais ce que je dois faire pour réussir   75

À moi de gagner 9 • Je galope, je saute, je gagne   85

Chers parents,
Chers grands-parents,

Avec la crise sanitaire de la Covid-19 que nous traversons aujourd'hui, vous – comme de nombreux autres parents – avez constaté à quel point un enfant peut avoir besoin d'aide pour travailler. Et non, ce n'est pas simple d'apprendre par cœur une leçon, de résoudre un problème de mathématiques ou de rédiger un petit texte libre. Sans y être préparés, vous avez dû plonger en apnée dans l'univers des écoliers. Vous avez connu « l'école à la maison ». Ce fut alors, pour certains d'entre vous, le défi de votre vie !

Toutes et tous, vous vous êtes posé la même question : **« Comment faire pour me mettre dans la peau de la maîtresse ou du maître d'école ? »** Car c'était bien là votre mission. Vous n'avez pas eu d'autre choix que d'endosser ce rôle. Et, à la vitesse de la lumière, vous avez dû enfiler un costume de pédagogue bienveillant, inventif et patient. Parfois vous l'enfiliez le soir après votre journée de travail, parfois toute la journée si vous étiez en télétravail.

Vous avez su **improviser**, vous **adapter** aux programmes scolaires et **assurer**, du mieux que vous le pouviez, l'apprentissage de votre chérubin. Vraiment, un grand bravo ! J'imagine que vous vous souviendrez longtemps de cette période sans précédent !

Certains parents m'ont confié avoir été déstabilisés en découvrant un réel **manque d'autonomie de leur enfant**. D'autres ont reconnu avoir traversé une période de grande souffrance, ne se sentant pas à la hauteur de la tâche qui les attendait. Alors, pour éviter la catastrophe, ils ont « triché » en réalisant les exercices à la place de leur enfant, leur objectif premier étant simplement d'éviter que le temps des devoirs ne se termine dans les cris, les pleurs et le bruit des portes qui claquent.

À juste titre, vous avez pensé que **votre enfant ou petit-enfant saurait faire tout seul, sans aide, sans vous**… Mais, au bout de quelques jours, le constat a été amer. Trop souvent, vous avez retrouvé votre enfant ou petit-enfant complètement perdu !

Je sais que vous redoutez toutes et tous de devoir revivre un tel bras de fer avec votre enfant. D'autant plus que, quelle que soit la conjoncture, n'oublions pas que, comme le goûter du soir, les devoirs sont **les incontournables de la journée d'un écolier**.

Ayons présent à l'esprit qu'un élève passe environ six heures par jour sur les bancs de l'école et que, lorsqu'il rentre chez lui le soir, sa journée n'est malheureusement pas terminée. Votre enfant ne souhaite qu'une chose : qu'on le laisse tranquille ; pour lui, comme pour vous, les devoirs sont la corvée du soir, du mercredi et, trop souvent, du week-end. Oui, c'est une tâche pénible dont vous vous passeriez bien volontiers. Mais **elle est inévitable pour réussir** ! Quel que soit l'âge de votre enfant, il est urgent de lui donner les **clés** d'une bonne organisation.

C'est la raison pour laquelle je vous apporte, avec cette histoire, des conseils et des méthodes simples à découvrir avec votre enfant afin que vous puissiez être sereins et prêts à toutes les éventualités.

Déjà, une bonne nouvelle : oui, un enfant peut travailler seul et être très performant !

Une règle d'or pour bien commencer : il faut éviter à tout prix que les devoirs à la maison ne se passent mal avec des phrases négatives (« Fais tes devoirs d'abord et tu joueras après ! », « Reste assis, s'il te plaît, et surtout arrête de gigoter ! Comment veux-tu y arriver ? », « J'en ai assez de te voir devant cet écran de malheur ! File immédiatement réviser tes leçons, je ne te le répéterai pas deux fois ! ») et bannir de votre langage les mots qui blessent et laissent souvent des traces indélébiles (« C'est la dixième fois que je t'explique cette notion, bon sang ! », « Mais ce n'est pas possible, c'est simple comme bonjour ! Tu vas me rendre dingue à la fin ! »).

*Aussi, gardez à l'esprit que, pour se construire, un enfant a besoin de ses parents. J'aime à faire la comparaison suivante : si votre enfant est dans une barque et qu'il souhaite rejoindre la rive, il a besoin, afin de se stabiliser et s'arrimer, qu'elle soit ferme, solide. Cette rive, chers parents, c'est vous, et pour bien entamer son voyage vers l'autonomie, votre enfant doit pouvoir s'y appuyer. Vous allez donc devoir l'épauler dans cette nouvelle aventure. Ainsi, tout au long de cet ouvrage, vous allez découvrir avec votre enfant ou petit-enfant **les essentiels** pour réussir. Vous pourrez travailler avec lui **les notions de temps** et **d'autodiscipline** – tel un sportif ou une sportive qui s'entraîne chaque jour –, **le développement du sens des responsabilités**, et ainsi progressivement le guider vers **l'autonomie**. Oh ! je vous entends déjà dire : « Mais il (ou elle) est trop petit(e) ! » Ma réponse est la suivante : non ! Il ou elle en est parfaitement capable et je vous le prouve dans cet ouvrage.*

*Alors, c'est avec un immense plaisir que je vais vous apporter des éléments concrets, une **méthode infaillible** qui donnera très rapidement à votre enfant ou petit-enfant les clés pour reprendre **confiance** en lui. Il découvrira **le plaisir, la motivation et l'envie** d'apprendre seul, sa curiosité sera progressivement aiguisée. Ne vous inquiétez pas, il viendra forcément vous voir pour se rassurer au début, mais vous devrez absolument lui faire confiance. Ainsi, il apprendra à gérer son temps comme les adultes le font ! J'ai aidé des milliers d'enfants qui pensaient tous être mauvais, voire inintelligents, et je peux vous dire que **tous les enfants sont capables d'y arriver**. Pour ce faire, suivez les bons conseils de la petite fée Nina. Elle en connaît un rayon maintenant !*

Bonne lecture,

Anne-Marie Gaignard

La colère monte...

Hugo est sous pression depuis quelques semaines. Il se sent complètement dépassé par la masse de travail qu'il doit fournir en classe comme à la maison. Une fois sa journée d'écolier terminée, il sait qu'il va devoir à nouveau ouvrir son cartable, sortir ses livres et ses cahiers, et se remettre au travail.

Depuis sa rentrée en CM2, il a mis toute sa bonne volonté pour réussir, mais rien ne fonctionne, les résultats ne sont pas à la hauteur de ses espérances... et encore moins de celles de ses parents ! Notre petit héros est rongé par l'angoisse qui le talonne toute la journée. Son moral est en berne et cette peur s'est logée dans sa tête et dans son ventre !

– Aujourd'hui, c'était jour de fête pour moi ! marmonne Hugo en approchant de sa maison. J'ai vraiment eu ma dose pour toute l'année : « Hugo, arrête de parler avec ton voisin ! Hugo, arrête de rêver ! Hugo, garde les pieds sur terre ! Hugo, tu as bâclé ton exercice ! Hugo, tu n'as pas appris ta leçon, fais attention ! » Pff !!! De toute façon, je m'en fiche, dit-il en baissant la tête et en accélérant le pas.

Son beau sourire s'est effacé et Hugo a enfilé, malgré lui, son masque de tristesse... Mais pour combien de temps encore ?

Il est dix-sept heures précises lorsqu'il arrive devant chez lui. Il sort machinalement les clés de sa poche, sa main tremble encore de rage. Il rentre et claque violemment la porte en bois massif. Trop, c'est trop ! Il n'en peut plus de toutes ces réflexions blessantes qu'il entend sur lui depuis trop longtemps. Il a essayé de s'améliorer, mais il n'y arrive pas. Il est en colère contre lui, contre tout. Il a l'impression que sa vie entière est bloquée, qu'une main malveillante a appuyé sur le bouton **PAUSE**. Hugo a l'impression de ne plus pouvoir avancer, que les jeux sont faits : **GAME OVER** !

Comme chaque jour d'école, il est le premier de la petite famille à rentrer. Il sait qu'il a environ une heure avant que sa sœur aînée ne revienne du lycée. Alors, tel un lanceur de poids aux Jeux olympiques, il lance son maudit cartable de toutes ses forces à travers l'entrée. Son sac vole à grande vitesse ! Il traverse le couloir pour atterrir violemment sur la table de la cuisine… Le goûter préparé avec soin par sa mère s'écrase lamentablement sur le carrelage noir et blanc. Le bol qu'il a reçu en cadeau pour ses 9 ans est en miettes…

– Non, non et non ! C'est décidé ! Ce soir, je ne ferai aucun devoir parce que cela ne sert plus à rien ! J'en ai ras le bol, ras la casquette ! Je n'y arrive pas, ma tête va exploser ! s'écrie Hugo avec rage.

Alors, à grandes enjambées, tout en tapant des pieds, il grimpe l'escalier et claque aussi fort qu'il le peut la porte de sa chambre – ou plutôt de sa grotte, de sa caverne, de son antre, comme il aime à l'appeler selon son humeur.

Oui, Hugo se sent mal. Il pensait qu'il arriverait à se reprendre, mais il n'y croit plus. Il est angoissé et a perdu le goût d'apprendre. Plus rien ne le motive, pas même la construction de la cabane au fond du jardin qui lui tenait tant à cœur ! À chaque fois qu'il la voit, il enrage et a les larmes aux yeux.

Chaque soir, quand il s'assied à la table de la cuisine, c'est un véritable calvaire ! Sa sœur essaie pourtant de l'aider, mais elle l'agace et veut aller trop vite, ne serait-ce que pour se débarrasser de cette heure qu'elle considère comme perdue, puis c'est le tour de ses parents quand ils rentrent du travail. Il a la nette impression de gâcher la soirée de toute la famille, et surtout de perdre son temps.

Quand ses parents arrivent, c'est toujours pratiquement le même scénario :

– Je vais vérifier tes devoirs, Hugo, dit sa mère, à peine son sac et son blouson accrochés dans l'entrée.

– Hugo, vas-tu enfin te mettre au travail ? lui demande son père. L'heure tourne et je ne te vois pas travailler.

– Hugo, apprends ta leçon d'histoire au lieu de rêver et de regarder par la fenêtre, renchérit sa mère.

– Hugo, n'oublie pas de faire l'exercice de mathématiques, d'autant plus que c'est une punition ! Ah, vraiment, en ce moment, rien ne va dans cette maison ! ajoute son père.

Etc., etc., ETC. !

Le temps des leçons vire de plus en plus souvent au cauchemar pour Hugo... et cette situation, le jeune garçon n'en veut plus. Il n'en peut plus ! La coupe est pleine et elle déborde déjà. D'autant plus qu'Hugo s'en veut terriblement de passer pour le rebelle de la famille, pour celui qui ne rentre pas dans le moule.

Notre héros rêve de liberté et veut en finir avec cette pression quotidienne qu'il ressent en classe, mais aussi chez lui. Il a l'impression d'être dans un mauvais film qui défile au ralenti. Il se sent épuisé et a la nette impression d'être le boulet de toute la famille. Trop, c'est trop ! Le petit écolier étouffe et a besoin de respirer !

C'est décidé, il ne descendra pas ramasser les morceaux du bol cassé dans la cuisine. C'est pour lui un bon moyen de leur montrer qu'il ne faut plus en rajouter. Hugo se jette alors à plat ventre sur son lit, attrape son oreiller et le met sur sa tête. Il espère pouvoir s'endormir, pour ne plus penser, pour oublier cette sale journée. Il entend battre son cœur rapidement, puis plus lentement, cela le rassure et enfin, il s'endort…

Soudain, son amie la fée Nina apparaît dans son rêve et lui chuchote :

– Hugo, tu as un choix à faire. Si tu l'acceptes, je te viendrai en aide. Je sais ce dont tu es capable. Mais depuis plusieurs semaines, je ne te reconnais plus. Tu ne vas quand même pas baisser les bras, Hugo ! Je peux t'aider, tu le sais.

Hugo dort toujours, mais un sourire se dessine sur ses lèvres. Son amie Nina l'a tellement aidé par le passé à se concentrer, à accorder les verbes, à se relire qu'il ne peut qu'être heureux de la retrouver, même en rêve !

Pendant ce temps, à des milliers de kilomètres de là, sur la planète Formosa (qui signifie « belle » en latin, une des anciennes langues des Terriens), Nina est réellement inquiète pour son ami Hugo. Depuis plusieurs semaines, elle reçoit des messages d'alerte. Reliée à la Terre par son écran magique, elle suit de près l'humeur changeante du jeune garçon.

Hugo se réveille en sursaut et fait voler son oreiller. Il a l'impression d'avoir dormi très longtemps. Il jette un œil à son réveil. Il est déjà vingt et une heures trente mais il n'entend pas un bruit dans la maison alors que tout le monde devrait être rentré. Que se passe-t-il ? Hugo se lève, entrouvre la porte de sa chambre et écoute… Rien, pas un bruit, pas la moindre voix, personne !

« C'est bizarre », se dit-il.

Il pose un pied sur la première marche de l'escalier et il la voit.

Son cœur bondit de joie dans sa poitrine. Nina est là, assise sur la cinquième marche.

– Non ! Je n'y crois pas ! Impossible ! Mais qu'est-ce que tu fais là, Nina ?

– Je suis venue te rendre une petite visite. Tu es content, j'espère ?

– Ah, Nina ! Si tu savais comme tu m'as manqué ! Mais où étais-tu passée ?

– J'étais là-haut, chez moi, sur ma petite planète. Mais sache que je garde toujours un œil sur toi, Hugo. J'ai même programmé un code d'alerte sur ma tablette magique. C'est grâce à cela que j'ai reçu un message me demandant de foncer vers la Terre pour parler avec toi. En arrivant ici, j'ai déclenché un programme de RÉPARATION EXPRESS : les débris du bol se sont regroupés et ont formé un petit tas sur le sol. Puis, grâce à ma baguette magique, ils se sont soudés les uns aux autres. Ni vu ni connu ! Les dégâts avaient disparu avant que ta sœur n'arrive, précise Nina.

Hugo baisse la tête… Il est gêné et s'en veut terriblement…

– En arrivant, ta sœur te cherchait et s'apprêtait à monter dans ta chambre. Un petit coup de baguette magique sur son épaule, puis sur celle de ta mère qui est arrivée peu de temps après elle, et hop ! elles se sont endormies profondément. J'en ai fait autant à ton père lorsqu'il est rentré, précise la petite fée en éclatant de rire.

En entendant le récit de son amie, Hugo ne peut s'empêcher de rire à son tour.

– Nous sommes tranquilles maintenant, ajoute Nina.

– Ah, merci d'être toujours là pour moi !

– Bien, passons aux choses sérieuses maintenant. Nous allons mettre au point ensemble un plan de sauvetage.

– De sauvetage ? demande Hugo.

– Oui, je ne peux pas te laisser plonger dans un océan de tristesse et de rancœur où tu risques de te noyer. Hugo, s'il te plaît, fais-moi confiance encore une fois. Bientôt, tu vas retrouver l'envie d'apprendre. Mais avant cela, il est essentiel que tu reprennes ta vie en main et que tu écoutes ton cœur. Ma mission est de rendre possible ce que tu penses être impossible ! Je t'aiderai à atteindre ton but !

Hugo est rassuré par ce que Nina vient de lui dire. Il s'apprête à lui répondre, mais la petite fée a disparu. Ce soir, il ne sera pas question de ses devoirs, ni des dernières notes obtenues… Hugo anticipera les questions de ses parents – ce sont toujours les mêmes ! Il commencera par raconter sa journée, parlera de ses amis, des jeux qu'il fait à la récréation. Cela lui permettra de gagner du temps et le dîner se passera à merveille…

Rendez-vous sur la planète Hora

Nina monte, monte dans la stratosphère. Elle n'est plus qu'un petit point minuscule avant de disparaître complètement. Elle file à très grande vitesse et sait parfaitement où se rendre pour aider son ami Hugo : sur la planète Hora (qui signifie « heure » en latin), située dans un autre système solaire, à trente et une années-lumière de la Terre.

C'est là-bas que se rendent les fées pour apprendre à gérer la notion du temps.

Nina trouve depuis longtemps que les Terriens sont devenus des esclaves du temps. Ils ont toujours peur d'être en retard, de ne pas avoir le temps de terminer ce qu'ils viennent à peine de commencer… Elle souhaite recueillir l'avis d'Horus à ce sujet. Ce drôle de personnage sans âge a vécu pendant cent lunes sur la Terre et a appris à gérer les vingt-quatre heures d'une journée chez les Terriens. Aujourd'hui, il règne sur la planète Hora et a compris comment apprivoiser le temps. Grâce à ses précieux conseils, Nina est sûre de pouvoir apporter une première aide à Hugo.

La fée aperçoit enfin un petit point lumineux :

« C'est bien la planète Hora, j'y suis presque », pense-t-elle.

Son pilotage automatique mental ne se trompe jamais. En mode **FREINAGE** pour un atterrissage tout en douceur, Nina est surprise de voir que la planète est composée de douze parties bien distinctes.

Bien calme, malgré son voyage interplanétaire, la petite fée se pose délicatement au centre de la minuscule planète, qui est plate comme une galette. Elle secoue sa robe et sa chevelure pour être présentable. Horus a été prévenu par ses douze gardiens du temps et vient à sa rencontre.

Sa réputation auprès des fées n'est plus à faire. Il ne s'embarrasse pas de choses inutiles. Pour lui, le temps est précieux et ne doit pas être gâché. Ses phrases sont donc courtes et claires. Il s'approche de Nina.

– Bienvenue, Nina. Besoin d'aide ?

– Bonjour, Horus. Ce n'est pas pour moi que j'ai fait ce voyage, mais pour mon ami Hugo. Je dois l'aider et, pour cela, j'ai besoin de vos conseils.

– Explique-moi.

– Pour Hugo, le temps ne passe pas assez vite. Il s'ennuie beaucoup à l'école et n'arrive pas à s'organiser à la maison. Son attitude inquiète ses parents ainsi que sa maîtresse. Le soir, quand il rentre chez lui, il ne trouve plus l'énergie pour se remettre au travail.

– Hmm, hmm, hmm ! répond Horus. C'est fâcheux !

Nina attend sans rien dire. Horus marmonne quelque chose :

– Ce doit être la faute du nombre douze…

Nina, très concentrée, fixe la longue barbe d'Horus, où sont accrochées de minuscules pendules. Il les caresse une à une du bout de son index.

– Hmm, voyons, voyons… Pour gérer le temps, l'apprivoiser et l'aimer, il faut comprendre comment il fonctionne, Nina.

La petite fée ne doit rien manquer car elle sait par ses copines fées qu'Horus ne répète jamais rien. Elle ouvre grand ses oreilles.

– Allez, pour commencer, un peu d'histoire ! Sais-tu que les ancêtres de ton ami Hugo le Terrien ont découpé l'année en douze mois ?

– Oui, Horus, répond Nina. Même si je suis une fée, j'ai passé du temps en compagnie des Terriens.

– Parfait ! Sois bien attentive. Ses ancêtres ne se sont pas arrêtés là. Ils ont aussi découpé ce qu'ils appellent « le jour » en douze heures. Puis ils ont fait de même pour ce qu'ils appellent « la nuit ». Soit un total de vingt-quatre heures. Tu me suis, Nina ?

– Oui, oui, Horus.

– Maintenant, écoute-moi bien : vingt-quatre, c'est aussi le nombre d'heures qu'un enfant passe à l'école primaire durant toute une semaine.

Nina est surprise, mais elle commence à se faire sa petite idée. Horus a raison : si la journée dure douze heures, Hugo, en étant en classe près de six heures par jour, y passe presque la moitié de la journée.

– Très intéressant, tout cela, répond Nina. Ah, merci, Horus, merci infiniment ! Grâce à vous, je vais pouvoir aider Hugo à apprivoiser le temps et le rassurer. Je vais lui annoncer la bonne nouvelle…

– Quelle bonne nouvelle, Nina ?

– S'il s'organise bien, il lui restera du temps pour faire autre chose que ses devoirs du soir. Merci beaucoup, Horus ! À moi, maintenant, de savoir lui parler.

D'un claquement de doigts, la petite fée décolle dans un tourbillon de poussière. Quant à Horus, il retourne dans son palais, escorté par ses douze gardiens. Il sourit : il adore aider les autres.

« C'est vrai, se dit Nina, qui pense à Hugo tout en surfant entre les étoiles, le temps est la première chose à apprivoiser pour bien gérer sa vie. Si Hugo se sent mal en classe, c'est qu'il a l'impression que le temps ne passe pas assez vite. Et quand il essaie d'apprendre ses leçons sur la table de la cuisine, il le fait à reculons. Il pense à autre chose. Il s'en veut beaucoup et cela le rend complètement indisponible ; sa tête est encombrée, il a l'impression qu'elle va exploser. Alors, il est impératif qu'il se pose rapidement les bonnes questions, qu'il sache qui il est vraiment et qu'il comprenne pourquoi il en est arrivé là. Il doit marquer un véritable arrêt après sa longue journée d'école. Il doit même mesurer le temps dont il a besoin pour être bien dans ses baskets et surtout être efficace. Mais oui, tout vient de là ! Hugo va le comprendre. Il ne doit plus gaspiller son temps. Je dois absolument le sortir de là… et vite ! Ce sera une première étape importante pour lui. »

Lola, la sœur d'Hugo, qui est rentrée il y a quelques semaines d'un long programme d'échange à l'étranger, se délecte du mail qu'elle vient de recevoir. Depuis son retour en France, elle attendait la réponse d'une étudiante américaine. Elle vient pour l'aider à parfaire son anglais ! Elle arrive à la fin de la semaine, c'est confirmé ! Lola fonce dans la cuisine prévenir Hugo. Celui-ci n'a pas sa tête des bons jours, mais elle se lance :

– Hugo, tu ne devineras jamais ce qui va arriver !

– Un tremblement de terre ? Un tsunami ? Une soucoupe volante ? marmonne Hugo sans lever la tête. Sa mèche rebelle lui cache la moitié du visage.

– Ah ! Tu te crois drôle, frérot. Écoute un peu ça, lui répond Lola.

À :	lola.g@vmail.fr
De :	tracy.fairy@vmail.com
Objet :	Me voilà !

Bonjour, Lola,

Je suis heureuse de quitter l'ouest du Nebraska. J'ai enfin ma date de départ : le 2 janvier prochain. Ici, les paysages sont beaux avec de grandes plaines. Ce qui me manquera le plus, c'est la mini-montagne que je vois de ma chambre. Elle a servi à de nombreux tournages de westerns avec cow-boys et Indiens. Je suis heureuse de pouvoir venir chez toi pour six semaines. Ainsi, j'éviterai les -13 degrés et les 15 centimètres de neige et je pourrai découvrir la France. Je repartirai fin février.

N'hésite pas à m'écrire sur Messenger avant mon départ, mais en anglais (smile++++).

À bientôt.

Tracy

– Ouais ! soupire Hugo. Mais ce « smile », c'est quoi ?

– Ça veut dire « sourire » en anglais, répond Lola, réjouie.

– Je me serais bien passé d'une fille de plus à la maison, mais bon… Elle est peut-être mignonne, réplique-t-il, la tête toujours baissée sur son exercice.

– J'ai hâte de lire son mail aux parents. Je sais déjà qu'ils seront contents, annonce Lola.

– Tant mieux ! Toi, au moins, tu as de la chance ! répond Hugo.

Lola souffre, elle aussi, de l'humeur changeante de son frère. Elle pensait le faire sourire, mais rien n'y fait.

– C'est encore raté pour ce soir, murmure-t-elle en grimpant l'escalier qui mène à sa chambre.

Hugo referme son cahier d'exercices de mathématiques. Il n'a pas su résoudre le problème. Il en a assez entendu pour ce soir, une présence étrangère dans la maison ne va pas arranger les choses. Il monte à son tour dans sa chambre, prêt à plonger sur son lit.

– Surprise ! s'exclame Nina, assise, les jambes dans le vide, sur le petit bureau d'Hugo, où il ne s'installe jamais.

– Mais, Nina, où étais-tu passée ?

– C'est mon secret, Hugo. Mais je ne suis pas revenue les mains vides.

D'un petit coup de baguette magique, Nina fait apparaître une petite boîte rouge.

– Ouvre-la, lui demande-t-elle.

Hugo prend la boîte et l'ouvre délicatement. Ses yeux s'illuminent. Il découvre une jolie montre, extra-plate, à aiguilles, bracelet en cuir, quasi identique à celle de Julien, son meilleur ami.

– Comment as-tu deviné que j'en voulais une comme celle-ci, Nina ?

– Je suis une fée ! Je sais, c'est tout. Mais cette montre est très spéciale, Hugo. Bientôt, tu comprendras.

Cette fois encore, Nina disparaît d'un claquement de doigts.

À MOI DE GAGNER ! • 1

J'apprends à gérer mon temps après l'école

OBJECTIF : APPRENDRE À ME DÉTENDRE AVANT DE FAIRE MES DEVOIRS

Pour mieux profiter du moment où je rentre de l'école, voici une nouvelle organisation à mettre en place avec mes parents :

- Quand je rentre, je mets mon cartable hors de ma vue et je le dépose au même endroit tous les jours après l'école.
- Je prends ensuite une pause (bien méritée) pour me détendre. Je fixe la durée de cette pause avec mes parents.
- Puis je me mets à faire mes devoirs.

Je repose mon esprit avant de faire mes devoirs

La pause sert à ne plus penser à l'école pendant un temps. Elle permet de souffler et de faire autre chose. Je peux ainsi prendre mon goûter puis me distraire : prendre l'air dans le jardin, faire du vélo, m'amuser avec le chat, m'installer sur le canapé, m'allonger sur mon lit, jouer, bricoler, aller sur Internet si mes parents l'autorisent, etc.

Mesure la durée de ce que tu fais

❶ Prends un chronomètre (ou un téléphone, une montre…).

❷ Mesure le temps du trajet de la maison à l'école, le temps de la récréation, le temps de monter les escaliers de ta maison, de ton immeuble…

❸ Retourne page 20 et relis le mail de Tracy en te chronométrant.

Combien de temps as-tu mis ? Entre 2 minutes 30 et 3 minutes, c'est super ! Si tu as mis plus de temps, ce n'est pas grave : l'essentiel, c'est que tu connaisses ta cadence de lecture. Et si tu recommences demain pour comparer, il y a de fortes chances que tu sois plus rapide.

● Tu peux également continuer à apprivoiser le temps en mesurant la durée de ce que tu fais au quotidien.

● En classe, quand le maître ou la maîtresse donne un exercice, il ou elle indique souvent la durée pour le faire. Quand le top départ est donné, regarde l'heure sur ta montre et jettes-y des coups d'œil réguliers pour surveiller le temps. Si aucune durée ne t'est donnée, regarde l'heure quand tu commences et quand tu finis. Tu sauras alors combien de temps tu as passé sur l'exercice.

Mesure un temps long

❶ Lance un minuteur ou mets une alarme pour fixer la fin de la pause avant les devoirs.

❷ Lance-toi des défis de plus en plus difficiles : « je regarde l'heure toutes les 5 minutes », puis « toutes les 10 minutes » et, quand tu as pris l'habitude, « toutes les 20 minutes ».

Ainsi, tu sauras quand le temps de pause est fini et quand te mettre au travail, sans alarme !

CONSEILS AUX PARENTS

Apprivoiser le temps

❶ Définissez la durée de la pause avec votre enfant : 40 minutes suffisent (10-15 minutes pour prendre le goûter puis 25-30 minutes pour faire ce qu'il veut). Profitez de ce temps pour souffler aussi de votre côté. En primaire, il faut compter 25 à 30 minutes maximum pour les leçons.
❷ Votre enfant doit être capable de se réveiller seul : il lui faut un réveil.
❸ Pour mieux préparer votre enfant à l'entrée au collège, invitez-le à créer un emploi du temps où il note les heures auxquelles il se lève et se couche, les activités qu'il fait chaque jour.

La confiance avant tout !

N'hésitez pas à dire et à répéter à votre enfant : « J'ai confiance en toi. Tu vas y arriver ! » Et prouvez-le : saluez-le, mais ne le noyez pas de questions et disparaissez de sa vue.

Au début

Si votre enfant n'a pas de montre, donnez-lui-en une et montrez-lui comment l'utiliser. Trouvez ensemble une cachette pour son cartable.
Guidez-le dans sa pause en lui indiquant quand le goûter est fini, qu'il peut aller jouer, puis en lui demandant vers la fin de la pause combien de temps il lui reste.

Progressivement

Saluez votre enfant à son retour de l'école, mais laissez-le gérer son temps et ses affaires.
Laissez-le déterminer quand sa pause commence et quand elle doit être terminée.

À MOI DE GAGNER ! • 2

J'apprends à travailler seul(e) à ma façon

OBJECTIF : TROUVER LA FAÇON DE TRAVAILLER QUI ME CORRESPOND

L'heure de faire mes devoirs a sonné : je m'installe.

○ Je trouve un endroit où je suis bien pour travailler, cela me motivera encore plus !

○ J'essaie d'identifier quelle est ma position préférée pour travailler.

○ J'essaie de faire mon travail tout(e) seul(e), et je me sens mieux !

Je déniche mon endroit idéal

Je m'installe, si je le peux, dans une chambre au calme ou dans le salon. Je n'ai besoin que d'un petit coin de table pour être bien. L'été, rien ne m'empêche d'être dans le jardin ou le parc d'en face, et l'hiver, dans le garage, le salon et même l'entrée de l'appartement. Je peux tout essayer à une seule condition : être tout(e) seul(e).

Apprends en mimant

Tu as une poésie à apprendre dans ton cahier depuis plusieurs jours et demain, tu risques d'être interrogé(e). Pour t'aider à retenir ce texte, la fée Nina l'a découpé en 2 blocs de 7 morceaux que tu vas apprendre en trois temps : d'abord le premier bloc, puis fais une très courte pause (lève les bras, inspire par le nez, expire très fort 3 fois par la bouche), enfin, le second bloc. Avec ce système, tu vas connaître toute ta poésie en 7 minutes.

❶ Installe-toi dans ton endroit idéal et reste debout puis pose la poésie sous tes yeux et prends une grande respiration.

❷ **Lis le texte en mimant chaque morceau.**

Une fée

Bloc 1
Ah ! C'est une fée toute jeune encor, /
Ah ! C'est une fée / de lune coiffée. /
À sa robe verte / un papillon d'or, /
À sa robe verte, / à peine entrouverte.

Bloc 2
Elle va légère, / au son du hautbois, /
Elle va légère comme une bergère. /
Elle suit la ronde / des dames du bois, /
Elle suit la ronde / qui va par le monde.

Gabriel Vicaire

❸ Recommence jusqu'à ce que tu puisses réciter la poésie sans lire le texte. Quand tu te sens prêt(e), va la réciter à tes parents. Ils ne vont pas en revenir !

CONSEILS AUX PARENTS

La cuisine interdite

Il est essentiel qu'un endroit de la maison soit dédié au temps des devoirs. Même si vous manquez de place, il y a une pièce à éviter absolument : la cuisine. Cet espace doit rester libre pour toute la famille.

Laissez-le bouger

Votre enfant doit être libre d'apprendre à sa façon. Laissez-le faire : la musique n'empêche pas d'apprendre, le dessin peut se révéler très utile, de même que marcher et tourner en rond. Transformer une poésie ou une leçon en gestes et cadencer sa respiration permet d'apprendre par cœur, en un temps record, et pour toute la vie.

Au début

Trouvez avec votre enfant un endroit pour qu'il travaille et essayez d'en faire un espace accueillant.
Laissez-le tester des positions pour travailler.
S'il ne se met pas de lui-même au travail, guidez-le puis laissez-le faire ses devoirs. Venez tout de même le voir de temps en temps pour l'encourager.

Progressivement

Laissez votre enfant s'installer seul après sa pause et n'allez plus le voir pendant qu'il travaille, mais indiquez-lui qu'il peut venir vous voir s'il a besoin d'aide. Si c'est le cas mais que vous n'êtes pas disponible, dites-lui qu'il peut revenir dans x minutes. Ne vérifiez plus son travail, sauf s'il le demande : c'est la seule manière de savoir s'il sait travailler seul. Vous le préparez pour l'avenir. La maturité passe par ce temps qu'il s'approprie et qu'il utilise au mieux de ses capacités.

Le plus beau des voyages !

De retour de la planète Hora et suite à ses deux visites rapprochées dans la chambre d'Hugo, Nina se sent épuisée. Revenue chez elle, sur la planète Formosa, la petite fée doit absolument se ressourcer et retrouver rapidement son énergie. Une mission capitale l'attend et elle doit être en forme. Pour cela, elle doit d'abord retrouver Eclador, son cheval ailé et fidèle compagnon. L'animal en liberté est parfois difficile à localiser. Nina se concentre, ferme les yeux et lui envoie un signal, une vibration sonore de fréquence très élevée que les humains ne peuvent pas entendre. Où qu'il soit, Eclador recevra son appel.

Après seulement quelques minutes, ce n'est pas un, mais deux chevaux que Nina voit s'approcher au grand galop ! La petite fée saute de joie. Elle s'avance doucement vers Eclador et lui chuchote quelques mots de bienvenue à l'oreille. Elle connaît son langage et sait se faire comprendre. Elle se prépare mentalement : « Si Eclador met sa tête en position basse, c'est qu'il acquiesce ou accepte la mission. S'il balance la tête d'un côté puis de l'autre, c'est le signe d'un refus. »

Elle se lance et lui chuchote doucement à l'oreille :

– Tu as trouvé une compagne, Eclador ? Elle est très belle.

Le cheval baisse la tête : il confirme. Nina s'approche de la belle jument et lui chuchote aussi à l'oreille :

– Je suis désolée, ma douce. Je dois faire un très long voyage pour aider mon ami Hugo. J'ai absolument besoin d'Eclador. Tu veux bien que je parte avec lui ?

La jument remue, énervée, et lui répond par la négative. Elle lève même la tête très haut pour lui faire comprendre qu'elle a peur. Nina est désolée. Alors, pour ne peiner ni Eclador ni sa nouvelle compagne, elle prend la décision de partir avec les deux.

– Hugo montera sur Eclador et moi sur le dos de… ? Mais comment vais-je l'appeler ? s'interroge notre fée. Elle est toute blanche et paraît si douce… « Alba » ! Oui, « Alba », qui signifie « blanc » en latin.

Hugo porte sa jolie montre au poignet droit. C'est tout nouveau pour lui. Mais jusqu'où irait-il pour faire plaisir à Nina ?

En ce mercredi après-midi, Hugo se sent plus calme, plus serein depuis qu'il sait apprivoiser le temps. Il pensait que c'était son ennemi juré. Il s'était trompé. Il a donc décidé de se remettre à la fabrication de l'escalier de sa cabane perchée, commencée depuis des semaines, mais abandonnée après que son père et lui se sont disputés pour une histoire de calcul de mètres carrés ! Hugo avait même laissé tomber l'idée de construire ce petit coin rien que pour lui. Cette fois, il a décidé de fabriquer seul l'escalier. Il a sorti du garage les tasseaux prédécoupés qui l'attendaient depuis des semaines et s'apprête à les assembler.

Tout à coup, Hugo entend derrière lui une succession de sons qu'il reconnaît immédiatement. Il se retourne et découvre Nina sur une belle jument blanche et Eclador qui se signale par un petit hennissement.

– Ouah ! Génial, Nina ! s'exclame le garçon. Mais où as-tu l'intention de m'emmener cette fois ? Et pourquoi un deuxième cheval ?

– D'abord, elle s'appelle Alba et c'est la compagne d'Eclador. Il est maintenant impossible de les séparer. D'ailleurs, pas de temps à perdre ! Allez, grimpe sur Eclador, accroche-toi bien à sa crinière et c'est parti pour le plus beau des voyages. Hop, on décolle !

Hugo ouvre grand les yeux. Depuis le ciel, il découvre les rondeurs de la Terre et comprend mieux pourquoi elle s'appelle « la planète bleue ». Le bleu est la couleur des mers et des océans, et vue d'en haut, la Terre en est recouverte !

Bien accroché à la crinière d'Eclador, Hugo ressent une vibration à son poignet. C'est sa montre qui se manifeste. Hugo jette un rapide coup d'œil au cadran et n'en revient pas. La montre affiche la destination finale : l'île d'Honshu, au Japon. Plus que neuf mille kilomètres à parcourir dans les airs ! L'équipée vient de passer au-dessus des Alpes et elle survole déjà la place Rouge de Moscou. Peu de temps après, Hugo aperçoit l'eau, puis une côte avec de hautes falaises découpées. Sa montre vibre encore : Côtes du Japon, océan Pacifique, île d'Honshu, la septième plus grande île au monde, indique-t-elle.

Eclador attaque la descente et fonce tout droit au pied d'une montagne qu'Hugo reconnaît car il a déjà vu des photos : c'est le mont Fuji ! Les chevaux se posent au beau milieu de cerisiers en fleurs. Hugo remet sa mèche de cheveux en place et Nina remercie sa monture. Alba est géniale.

Un homme est assis en tailleur au pied d'un cerisier. C'est la première fois qu'Hugo rencontre un Terrien en compagnie de Nina. Il est très

étonné car d'habitude, la *fée* s'éclipse pour que personne ne soupçonne son existence.

« Ce doit être un personnage très important », pense-t-il en s'approchant de lui.

– Bonjour, Sensei, dit Nina tout en se penchant pour saluer l'homme, dont le nom signifie « maître » en japonais.

Vu le petit coup d'œil que lui lance Nina, Hugo fait de même.

– Merci, Sensei, de nous accueillir sur la terre de vos ancêtres, poursuit Nina. Je suis venue demander votre aide. Vous avez pratiqué les arts martiaux toute votre vie. Il y a bien longtemps, nous avons longuement parlé ensemble. Je n'ai pas oublié toutes les qualités que l'on peut acquérir à force de pratique et d'entraînement. Je me souviens de la force, de la précision, de l'endurance mais aussi des valeurs que vous m'aviez fait découvrir, comme le courage et la modestie. Je pense que vous pourriez aider mon ami.

Sensei sourit, ses petits yeux bridés s'illuminent. Il se lève doucement. Hugo découvre un tout petit bonhomme.

– Nina, ma petite *fée* adorée, ce n'est pas simple de créer de nouvelles habitudes pour atteindre les objectifs que l'on s'est fixés, répond Sensei.

Hugo l'écoute sans le quitter des yeux. Ce drôle de petit personnage lui paraît hors du temps. Habillé d'un kimono noir, cette longue tunique aux larges manches, il l'impressionne par sa posture d'écoute.

– Hugo, ne me regarde pas comme ça. Je sais, ma tenue peut te surprendre, tu n'en as peut-être jamais vu de semblable. Je la porte pour toi. C'est un grand jour, une occasion unique de te rencontrer ! Alors, je vais te garder avec moi et t'apprendre ce qu'est la constellation des C. Je te donnerai la force pour braver les épreuves et ferai disparaître à jamais ta souffrance.

Lorsque Hugo se retourne, Nina a disparu avec Alba.

– La petite *fée* a réussi son coup, murmure-t-il.

En effet, Nina sait qu'elle vient de laisser son ami entre de bonnes mains. Sensei et elle se connaissent depuis si longtemps.

Hugo est maintenant en tête à tête avec le maître. Il se sent en confiance. Nina ne l'aurait pas laissé seul si elle n'était pas certaine du résultat.

Pendant ce temps, Eclador déambule au milieu des cerisiers en fleurs. Alba lui manque déjà…

À MOI DE GAGNER ! • 3

Je découvre la constellation des C

OBJECTIF : MAINTENIR LE CAP VERS LA RÉUSSITE ET L'AUTONOMIE

**Comment trouver ma voie dans la constellation des C
(la constance, le contact, la confiance et la concentration) ?**
- J'essaie d'être assidu(e) dans mon travail et dans les efforts que je fournis.
- J'essaie de dire si les choses se passent bien ou pas, si je suis content(e) ou triste.
- J'essaie de me concentrer du mieux que je peux.

La constance

Avoir un rituel est important lorsque je décide de changer des choses dans mes habitudes. Si tous les mardis je fais ceci, et tous les jeudis je fais cela, je pourrai mieux m'organiser. Une fois ces décisions prises, je dois les suivre jusqu'à la fin de l'année.

Le contact et la confiance

J'ai le droit de faire comprendre par un regard, un soupir que je ne vais pas bien, de me réfugier auprès de mes proches : ce sera une libération pour moi. Quand on dit les choses, c'est que la confiance est là. Je ne dois pas hésiter à dire à mes parents si quelque chose m'inquiète, si je rencontre des problèmes. Je peux profiter du « Conseil de famille » (p. 33) pour le faire.

Le ∞ pour me concentrer

Si tu es bien concentré(e), tu gagneras du temps. Avec ces exercices, tu vas réveiller ton cerveau gauche et ton cerveau droit. Ils se mettront au travail en même temps.

❶ Installe-toi confortablement et imagine que tu dessines un ∞ sur le sol ou la table, puis dans le vide devant toi, puis au plafond. Utilise le pouce de la main avec laquelle tu écris pour le dessiner dans le vide, puis ton bras levé et tendu quand tu le dessines au plafond. Répète cet exercice 3 ou 4 fois.

❷ Fais la même chose avec le pouce opposé et le bras opposé.

❸ Fais la même chose avec les deux pouces en même temps, puis avec les deux bras.

CONSEILS AUX PARENTS

Chacun sa tâche !

① Établissez une liste des tâches ménagères et accrochez-la sur le réfrigérateur.
② En face de chaque tâche, collez la photo ou le dessin d'un avatar de chacun des membres de la famille. Cela détermine qui doit faire quoi pendant la semaine.
③ Changez la répartition des tâches toutes les semaines.
④ Vous pouvez aussi confier des responsabilités à votre enfant en dehors de la maison comme acheter le pain et rapporter la monnaie.

Le contact

Le contact est un point primordial. Il passe par la qualité du dialogue que vous mettez en place. Vous connaissez votre enfant mieux que quiconque. Pour l'aider à mieux comprendre, mettez-vous dans sa peau ! Essayez de lui expliquer avec des mots simples et choisis par vous, pour lui.

Le conseil de famille

Une fois par semaine, de préférence le soir, réunissez toute la famille. Profitez de ce temps tous ensemble pour dire chacun à votre tour comment vous vous sentez. Les règles sont simples :

① Fabriquez un totem.
② Faites circuler le totem. Pour que ce soit plus facile, ce sont les parents qui commencent. Celui ou celle qui a le totem entre les mains raconte comment il ou elle se sent, en commençant toujours par les choses positives.
③ Les autres écoutent, sans réprimander, sans critiquer, sans poser de question.

C'est un temps où celui qui parle se confie dans un cadre bienveillant. L'heure des questions viendra plus tard, pour l'instant il s'agit de partager les émotions et ressentis de chacun. Cela permet d'éviter l'explosion, pour vous comme pour votre enfant.

Au début

Guidez votre enfant dans son nouveau rituel en lui en rappelant de temps en temps les différentes étapes. Encouragez-le régulièrement, il sentira que vous êtes à ses côtés et que vous lui faites confiance pour progresser. Créez une ambiance calme de travail dans la maison pour favoriser la concentration.

Progressivement

Vous n'aurez plus besoin de rappeler à votre enfant ce qu'il doit faire, il se sera approprié le rituel. N'hésitez pas, toutefois, à faire des points réguliers avec lui pour savoir s'il y a encore des choses qu'il souhaiterait changer.

À MOI DE GAGNER ! • 4

J'apprends le courage et je retrouve un état d'esprit positif

OBJECTIF : ÉVITER LES ANGOISSES ET LA PERTE DE CONFIANCE EN MOI

Pour retrouver la pêche :
- J'apprends ce qu'est le courage.
- J'essaie de repousser les pensées négatives en jouant à la Z.Z.
- J'invente des histoires avec mes parents.

Si je fais preuve de courage, rien n'est impossible

Être courageux, c'est d'abord surmonter ses peurs, affronter le danger, la souffrance et la fatigue.

Chasser les mauvaises pensées

Si je reprends confiance en moi, je peux relever la tête, regarder mes peurs droit dans les yeux et leur dire : « Laissez-moi tranquille ! Allez-vous-en ! » Je crois en moi et plus jamais je ne penserai que je suis un(e) bon(ne) à rien.

La Z.Z. ou « ZONE ZEN » – 7 minutes maximum

❶ Avant de t'endormir, lis ou écoute une histoire avec tes parents.
❷ Concentre tes pensées sur l'histoire. Ainsi, ton cerveau s'apaisera.
Bonus : Tu peux inventer une histoire avec tes parents ou lire seul(e) le soir avant de dormir. C'est un moment rien qu'à toi, c'est super !
❸ Seul(e) ou avec tes parents, imagine que tu dessines des ∞ sur le plafond de ta chambre une dizaine de fois (voir p. 32), cela t'apaisera.
❹ Allongé(e), inspire par le nez le plus longtemps possible et expire en soufflant par la bouche 5 ou 6 fois.

Avant de t'endormir, compte à rebours de 100 à 0. Cela bloquera les mauvaises pensées qui pourraient surgir et t'apaisera, voire t'endormira.

CONSEILS AUX PARENTS

Le courage, ça s'apprend et ça se comprend en famille

Même si un enfant fait preuve de courage régulièrement, il ignore souvent ce que cela veut dire. Il faut donc que les adultes lui apprennent la notion de courage et l'aident à l'appliquer dans sa vie. Et c'est à vous qu'il revient d'expliquer à votre enfant que s'il fait des efforts, ce n'est pas pour vous, mais uniquement pour lui. Il doit comprendre très tôt que personne ne doit décider à sa place. Encouragez-le sur son avenir, sur ses rêves, sur le métier qu'il veut faire ! Il percevra que le courage et la persévérance peuvent lui apporter de belles choses.

Retrouver un état d'esprit positif

Quand un enfant a essayé à plusieurs reprises de réaliser quelque chose sans y parvenir, il peut perdre confiance en lui. Combien de fois votre enfant a-t-il déjà pensé avoir appris correctement sa leçon mais a tout oublié le jour de l'évaluation ? Combien de fois s'endort-il très tard en pensant à ses problèmes sans que vous le sachiez ? Il lui faut beaucoup de courage pour se remettre en selle et retrouver un état d'esprit positif. Vous pouvez l'y aider en l'encourageant quotidiennement : « Nous t'aimons comme tu es », « Tu es unique », « Tu peux rendre l'impossible possible », « Tu peux viser grand ! »

Au début

Expliquez la notion de courage à votre enfant. Encouragez-le dans ses efforts et signalez-lui les points sur lesquels il fait des progrès.
Aidez-le à détourner son attention de ses angoisses quand il va dormir.

Progressivement

Variez les façons de jouer à la Z.Z. : vous pouvez demander à votre enfant de raconter son moment préféré de la journée, l'inviter à vous confier un secret, lui demander quels sont ses rêves.
Au bout d'un moment, proposez-lui de discuter quelques minutes avec vous puis de lire seul avant de dormir.

CHAPITRE 4

Une étrangère dans la maison

Hugo met petit à petit ce qu'il a appris en pratique. Il commence par ne plus jeter son cartable en arrivant chez lui mais le dépose dans le garage ; il a désormais interdiction d'y toucher au moins pendant une vingtaine de minutes. Le plus important, c'est qu'il soit complètement hors de sa vue. Cela lui permet de ne plus penser à l'école pendant un certain temps.

Hugo a aussi pris la décision de ne plus faire ses devoirs dans la cuisine. Maintenant, il s'isole pour mieux réfléchir, chercher et trouver les réponses. Non ! C'est bel et bien terminé. Il ne fera plus jamais ses devoirs dans la cuisine. C'est l'endroit où l'on prend le goûter, les repas, mais ce n'est pas un lieu pour y apprendre ses leçons.

Hugo apprécie ce moment de calme, le temps de prendre son goûter, de savourer le silence qui l'entoure. Ce premier temps de pause lorsqu'il revient de l'école lui appartient. Lola a compris. Lorsqu'elle rentre à son tour, elle passe la tête par la porte et grimpe dans sa chambre. Elle sait maintenant qu'Hugo a besoin de petits moments pour être seul, pour se sentir plus libre. Il n'en pouvait plus de se sentir surveillé.

Hugo se sent déjà beaucoup mieux et laisse vagabonder son esprit avant de se remettre au travail. Avant, il se sentait lourd, sans envie et sans joie. À présent, il est soulagé. Chaque soir, il prend le temps de bien respirer et de se détendre.

Alors que notre petit héros est calme et plongé dans ses pensées, deux furies entrent dans la cuisine.

– Surprise ! s'écrie sa sœur. Hugo, je te présente Tracy. Elle va rester avec nous presque deux mois. C'est génial, non ?

Hugo prend quelques secondes et adresse un beau sourire à l'étrangère. Il respire profondément et se lance :

– *Hello, Tracy. Nice to meet you.*

« Salut, Tracy. Je suis heureux de te rencontrer. »

– *Me too!* répond Tracy, souriante.

« Moi aussi ! »

Hugo ne peut s'empêcher de rire en voyant la tête de sa sœur Lola.

– Tu parles anglais, toi ? lui demande-t-elle, étonnée.

– Un peu. Je prends de l'avance pour les années collège, répond-il en se levant, fier de lui, et se dirigeant vers la porte qui mène au garage afin de récupérer son cartable.

Hugo s'était préparé à l'arrivée de la correspondante de Lola et avait bien l'intention d'impressionner sa sœur avec ce qu'il avait appris en anglais. Tracy, dont la mère est française, s'exprime parfaitement bien en français. Elle a juste un joli petit accent.

À peine arrivé dans le garage, Hugo entend déjà Lola raconter à la nouvelle venue ses déboires à l'école. Et il est loin de se douter de ce qui l'attend… Demain, c'est le « repos du guerrier » : il n'y a pas classe à cause de la journée pédagogique pour tous les enseignants de l'école.

– Hugo, tu te souviens que tu n'as pas classe aujourd'hui ? chuchote doucement sa mère au-dessus de son lit.

– Hmmmm ! Maman… Mais oui, évidemment, répond Hugo, encore dans un demi-sommeil. Tu as cru que j'allais oublier cette bonne nouvelle ? Ils ont leur dernière journée pédagogique sur le bien-être des élèves en classe. Ils nous ont dit qu'ils travailleraient quand même, mais sans nous. Ma maîtresse, Madame Laipoinsurlézi n'a pas dû bien écouter lors de sessions précédentes car elle n'a rien changé dans son attitude ! soupire-t-il.

– Hugo, voyons, dit calmement sa mère. C'est important qu'ils se forment à des pédagogies innovantes.

Hugo soupire à nouveau. Il est agacé que sa mère l'ait réveillé si tôt.

– Maman, laisse-moi me rendormir, il est seulement sept heures, dit-il en regardant sa montre.

– D'où sors-tu cette montre ?

– C'est Julien qui me l'a prêtée, dit-il en se retournant. Allez, maman, lâche-moi, s'il te plaît.

– Hugo, ne me parle pas comme ça ! Nous reparlerons de cette montre plus tard. Ah, j'oubliais ! J'espère que tu vas profiter de cette journée pour rattraper ton retard, un devoir d'histoire t'attend. Bisous, bisous, Hugo, je t'aime ! Je file, à ce soir.

Hugo se tourne et se retourne dans son lit. Ne parvenant pas à se rendormir, il décide de se lever. Il est grognon, mal réveillé et enrage aussi de ne pas être seul. Un autre jour, il aurait eu la maison rien que pour lui, mais sa sœur commence les cours plus tard aujourd'hui, et en plus, il y a Tracy maintenant ! Il va bien être obligé de les croiser…

Il descend les premières marches de l'escalier et entend :

– Et un ! Et deux ! Et trois ! *I breath in. And one! And two! And three!* J'expire !

Hugo est interloqué. Il descend les dernières marches à pas de loup. Lorsqu'il entre dans le salon, il constate que le canapé, les fauteuils, la table basse… tous les meubles ont été poussés sous la fenêtre ! Hugo reconnaît aussi la couverture du lit de Lola, posée sur le sol. Mais ce n'est pas tout : Tracy et sa sœur sont en tenue de sport !

– Ah, Hugo, tu es levé ! Rejoins-nous si tu veux ! lui propose sa sœur.

Hugo, toujours un peu grincheux, voit cependant les sourires de Tracy et de sa sœur, qui l'observent. Il a bien envie de les rejoindre :

– Pourquoi pas ! Ça ne peut pas faire de mal, et puis je préfère faire ça plutôt que mes devoirs…

– Ça pourrait même t'aider à les faire, l'interrompt sa sœur.

– Comment ça ?

– On a discuté avec Tracy hier soir et on s'est un peu raconté nos vies. Elle m'a dit qu'elle avait eu beaucoup de mal à l'école quand elle était plus petite, et puis, qu'un jour, elle avait réussi à débloquer la situation grâce au sport. Mais elle t'expliquera ça mieux que moi ! dit Lola en jetant un coup d'œil à sa nouvelle amie.

Hugo est sceptique. Il ne voit pas bien comment le sport pourrait l'aider à mieux résoudre ses exercices de mathématiques ou à connaître ses conjugaisons.

– Oui, commence timidement Tracy, j'avais pas mal de problèmes à l'école. Mes résultats chutaient, je ne savais plus par quel bout prendre les choses, j'étais complètement dépassée. Et j'avais honte de cette situation et de moi. Lola m'a dit qu'elle craignait que tu ne ressentes ça, toi aussi.

Hugo a la gorge serrée et sent les larmes lui monter aux yeux. Il ne pensait pas que sa sœur s'inquiétait autant pour lui. Avant même qu'il n'ait pu se ressaisir, Tracy reprend :

– Un jour, j'ai eu un déblocage. Pas comme par magie, hein ! Mais grâce à des techniques pour renforcer mon mental. C'est peut-être ça qu'il te *faudrait à toi aussi ! Moi, ça m'a permis d'accepter certaines vérités, d'apprendre à écouter les critiques. C'est important d'arriver à faire cela pour progresser. On ne se connaît pas encore, mais si tu veux bien me faire confiance, je pense que je peux t'aider un peu.*

Hugo se frotte le bout du nez. Il a déjà entendu ça… mais jamais de la part d'une personne qui avait vécu la même chose que lui. À chaque fois que quelqu'un lui tenait ce discours, c'était un adulte qui ne se souvenait plus vraiment de ce que c'était que d'aller à l'école, ou alors quelqu'un qui n'avait jamais rencontré ce genre de difficultés.

– Et ces techniques, ce serait quoi ? demande notre héros, désormais plus curieux que méfiant.

– Je vais t'apprendre comment devenir performant ! s'exclame Tracy avec un grand sourire. Ton mental doit être fort, capable de résister au stress. Tu dois maintenant faire preuve de détermination. Pour y arriver, il faut travailler les pensées qui arrivent en rafales dans ton cerveau et qui te font perdre tes moyens. Un bon moyen de comprendre comment faire ça, c'est en faisant du sport. Je m'explique. Imagine que tu cours. Au bout d'un moment, tu vas être fatigué, avoir mal quelque part peut-être, avoir un point de côté, etc. Mais si tu es loin de chez toi, il va bien falloir que tu rentres ! Et pour cela, tu vas t'encourager mentalement, à chaque foulée, à chaque respiration, te fixer des objectifs de courte durée comme réussir à aller jusqu'au bout de la rue, puis au bout de la suivante, puis te dire que tu y es presque, etc. Tu comprends, Hugo ?

– Je crois… Mais je pense que j'aurais besoin d'un peu plus d'explications. Et d'entraînement ! Et puis, je ne suis pas sûr d'en être capable.

– Mais si ! Fais-moi confiance. Tu vas vite comprendre comment tes pensées influencent tes actions. Tous les grands sportifs le savent et c'est grâce à cela qu'ils deviennent de grands champions. Hugo, s'il te plaît, croire en tes rêves, c'est très bien, peut-être qu'ils se réaliseront, mais si tu crois en toi, ils se réaliseront sûrement.

Hugo sourit. La perspective d'être aidé par Tracy le rend heureux.

À MOI DE GAGNER ! • 5

Je m'entraîne comme les grands sportifs

OBJECTIF : METTRE MON CORPS AU SERVICE DE MON ESPRIT

Comme tous les sportifs qui gagnent des médailles, je dois m'obliger à m'entraîner pour détendre mon esprit, pour progresser et être fier (ou fière) de moi :
- Je demande à mes parents de faire une activité sportive. J'essaie de ne pas me restreindre dans ce que je veux faire.
- Je trouve un moyen de me détendre à la maison.
- Je m'encourage quotidiennement.

J'apprends à décharger le trop-plein d'énergie

La musique peut beaucoup m'aider : elle va stimuler automatiquement la mémoire. Le dessin et les jeux de construction ont aussi la faculté de me faire penser à autre chose.

Le dire pour y croire

Améliore l'estime de toi en t'encourageant et en invoquant des pensées positives.
1. Regarde-toi dans un miroir.
2. Observe ton visage et concentre-toi sur tes yeux : sont-ils tristes ? fatigués ? pétillants ?
3. Grimace puis souris et rigole en te regardant.
4. Parle-toi et encourage-toi en te regardant : « Je vais y arriver », « Je suis bien parti(e) ».
5. Fais cet exercice régulièrement et dès que tu as besoin de motivation.

Bonus : quand tu ne peux pas voir ton reflet mais que tu as besoin de te rassurer et te remotiver, tu peux, à la manière d'un coureur qui s'encourage pour parcourir le dernier kilomètre, te parler à toi-même (à voix basse, à voix haute ou dans ta tête !).

Le TGVOO (Toucher Goût Vue Odorat Ouïe)

Quand tu es stressé(e), fais appel à tes cinq sens pour essayer de visualiser le souvenir d'une promenade que tu as aimée et d'en recréer les sensations : les pierres que tu as touchées, la chaleur ou le froid, le goûter que tu as mangé, la couleur du paysage, l'odeur de la terre, les sons de la nature…

Le journal secret de tes réussites

❶ Note tes exploits dans un cahier : « J'ai construit la plus grande tour de Lego® de ma vie, je sais rapper et je danse comme un dieu ! »
❷ Pour décorer ton cahier, cherche des images qui correspondent à tes réussites et colle-les, ou bien dessine-les.
❸ Consulte ce cahier régulièrement, cela t'encouragera.

Je m'entraîne régulièrement comme les grands sportifs

Le sport est un moyen de me fatiguer, de donner toute mon énergie pour progresser. Je transpire ? C'est un signe de bonne santé ! Les toxines sortent de mon corps et je me sens bien mieux après. En retour, je dois boire beaucoup d'eau pour que mon corps soit performant. Le sport m'apprend à ne jamais lâcher, à me motiver et à être assidu(e) : c'est ce que font tous les sportifs. Ils adorent gagner, mais ils peuvent aussi perdre. Dans ce cas-là, ils ne se découragent pas et continuent leurs efforts pour atteindre leur but. Tout le monde a le droit de se tromper. Tout le monde peut perdre aussi. Mais l'essentiel, c'est de participer !

CONSEILS AUX PARENTS

Sociabilité et contrôle des émotions

Les enfants les plus en difficulté à l'école ont parfois des réactions vives, voire violentes, envers les autres ou eux-mêmes. Il ne faut jamais laisser passer ces réactions sans réagir mais tenter de les comprendre, de les expliquer, de les réparer. Le mieux est de signaler à votre enfant quelles sont les limites à ne pas dépasser : ne pas hurler, ne pas claquer les portes, ne pas taper du pied, ne pas jeter des choses au sol et par-dessus tout, ne pas oser lever la main vers ses parents ! Ces réactions, ces explosions sont souvent le signe d'un trop-plein que votre enfant doit libérer de façon apaisée.

Au début

Encouragez votre enfant à faire du sport, c'est essentiel pour son équilibre. Laissez-le expérimenter différents sports pour qu'il trouve celui dans lequel il prendra vraiment du plaisir.
Ne laissez passer aucune réaction vive et aidez votre enfant à se détendre.

Progressivement

Demandez à votre enfant quelles sont les réussites qu'il a notées dans son cahier et s'il veut les partager avec vous. Récompensez-le en lui donnant des médailles qu'il pourra afficher dans sa chambre.
Demandez-lui de quoi il est fier et ce qu'il voudrait maintenant réussir. Comme toujours, encouragez-le !

CHAPITRE 5

Nina se transforme en espionne

Depuis son retour du Japon, Nina surveille son écran de contrôle. Hugo ne le sait pas, mais elle veille sur lui pour ne rien rater de sa vie, et surtout pas en ce moment. Quelque chose la tracasse. Elle voudrait bien savoir ce que fait Hugo lorsqu'il est en classe. Est-il calme ou agité ? Lève-t-il la main pour prendre la parole ? N'y tenant plus, la petite fée va tenter quelque chose.

Grâce à sa tablette magique, elle demande l'accès au programme de TRANSFORMATION S1. Elle guette son écran de contrôle. Un message s'affiche après quelques secondes :

> Nina, nous avons bien reçu votre demande de transformation S1. Quelle en est la raison ?

Nina répond par écrit :

> Besoin de prendre une forme humaine pour une demi-journée chez les Terriens.

Elle patiente… La réponse tarde à arriver. Nina tourne et virevolte dans les airs pour se calmer. Enfin ! L'écran s'allume à nouveau :

> Vous avez notre accord, mais n'en faites pas une habitude, c'est la dernière fois. Il n'y aura pas d'autre transformation S1. C'est trop risqué pour votre énergie de petite fée.
> Soyez prudente et bon voyage.

Nina sautille de joie.

– Vite, vite, vite ! s'exclame-t-elle.

Elle se concentre et envoie d'intenses ultrasons pour alerter Eclador. Alors qu'elle trépigne d'impatience, le bruit sourd d'un puissant galop la fait se retourner. C'est la jolie Alba qui vient au rendez-vous ! Nina est surprise de la voir avant de se souvenir : « J'avais complètement oublié qu'Eclador était déjà en mission ! »

Heureuse de pouvoir partir, elle s'approche doucement de la jument et lui caresse la croupe puis les ailes.

– Allez ma belle, emmène-moi chez les Terriens, lui chuchote-t-elle à l'oreille. J'ai une enquête à mener.

Le voyage se passe parfaitement bien. Alba se pose tout près de l'école d'Hugo, dans un petit jardin public à l'abri des regards. Nina saute de sa monture, active le programme de TRANSFORMATION S1 et la voici transformée en une belle jeune fille d'une vingtaine d'années.

Elle passe le portail de l'entrée principale, croise quelques parents pressés et se dirige d'un bon pas vers l'entrée du bâtiment afin de se présenter à la directrice de l'école. Nina doit prendre son poste d'auxiliaire de vie scolaire. Dans la cour, elle aperçoit Hugo et son copain Julien qui discutent.

– Enchantée de faire votre connaissance, Mademoiselle, lui dit la directrice. C'est Madame Laipoinsurlézi qui va être contente. Elle vous attend depuis la rentrée pour que vous puissiez vous occuper de Valentine. Pauvre petite, elle a chuté dans l'escalier de la cave de ses parents et s'est cassé les deux poignets. Elle est courageuse, vous savez.

Accompagnée par la directrice, Nina s'avance pour saluer Madame Laipoinsurlézi, qui fait entrer ses élèves dans la classe. Elle invite aussi son auxiliaire de vie scolaire à en faire autant.

La table d'Hugo est juste à côté de celle de Valentine, séparée par un petit couloir.

– Bonjour, Valentine. Je m'appelle Julie, dit notre amie la fée. Ma mission est toute simple. Je t'écouterai avec attention lorsque tu me donneras les réponses à l'oral, et moi j'écrirai à ta place. D'accord ?

– Oui, répond Valentine, ravie de sa présence, d'autant plus qu'elle la trouve douce et attentionnée.

– Allez, allez, les enfants, un peu de calme maintenant, dit Madame Laipoinsurlézi. Nous allons commencer une nouvelle leçon d'histoire, « L'âge industriel en France ». Vous êtes prêts ? Pour commencer, quelqu'un peut-il me dire ce qu'est l'industrialisation ?

Nina jette un rapide coup d'œil vers Hugo. Tête baissée, mèche de cheveux devant les yeux pour tenter de se cacher, il souffle et remue sur sa chaise, avant même que la maîtresse ait démarré la leçon.

Notre petite fée constate que l'ambiance de la classe se détériore très vite lorsque la maîtresse annonce le titre de la leçon. Même Valentine se met à gigoter sur sa chaise. Nina est inquiète, elle attend la suite.

– S'il vous plaît, Madame, demande Julien, je peux sortir ? Je ne me sens pas bien…

– Julien, ne recommence pas. Tu as déjà tenté cela lundi. Aujourd'hui, ça ne marche plus. Tu te calmes et tu ne distrais pas tes camarades, s'il te plaît.

Éclat de rire général.

Julien a essayé, et ça n'a pas marché. Il se recroqueville sur sa chaise, vexé. Hugo, qui semblait absent depuis le début du cours, se redresse et lève la main. Nina retient son souffle.

– Oui, Hugo ? demande la maîtresse.

– Madame, je pense savoir ce qu'est l'industrialisation.

Nina est fière de lui, elle a envie de l'applaudir, de le féliciter devant toute la classe. Il a osé lever la main, prendre la parole devant ses camarades. Quel progrès !

– Nous t'écoutons.

– L'industrialisation, c'est produire ou exploiter avec des méthodes industrielles. Mais il faut des machines, précise-t-il.

Silence complet. Hugo a parlé pour la première fois devant toute la classe. La maîtresse est tellement étonnée qu'elle en reste sans voix quelques secondes.

– Merci, Hugo, c'est parfait. Mais comment sais-tu cela ?

– J'ai pris de l'avance, Madame. Le temps est la première chose à apprivoiser pour bien gérer sa vie.

Nina manque de s'étouffer ! Valentine éclate de rire. La petite fée, rassurée, doit profiter de l'excitation générale pour s'éclipser. Il lui faut respecter le programme de **TRANSFORMATION S1** : discrètement, elle agite sa minuscule baguette magique sous la table pour réduire les deux fractures de Valentine, elle prédécoupe les deux plâtres qui se sépareront ainsi en deux dans la nuit, et Valentine retrouvera l'usage de ses bras. Puis elle déclenche la sonnerie de la récréation. Les enfants se lèvent et filent dans la cour, sous le regard ébahi de Madame Laipoinsurlézi, qui ne comprend pas comment le temps a pu passer si vite.

Profitant de l'agitation, Nina sort discrètement de la classe, reprend sa véritable apparence et s'envole pour rejoindre Alba.

Ni la maîtresse ni les élèves ne reverront l'auxiliaire de vie scolaire.

À MOI DE GAGNER ! • 6

Je travaille autrement

OBJECTIF : APPRENDRE DE FAÇON EFFICACE ET COMPRENDRE

Je décide de travailler autrement pour me donner toutes les chances de réussir :
- Étape 1 • Je comprends de quoi parle la leçon.
- Étape 2 • Je dessine la leçon : je fais un schéma qui tourne dans le sens des aiguilles d'une montre où j'écris et illustre les mots-clés de la leçon.

La leçon dessinée

Étape 1 • Identifier le sujet de la leçon

❶ Lis une première fois la leçon et fais-toi une idée du sujet.

❷ Lis une nouvelle fois la leçon et identifie les différents éléments qui la composent (dates, noms de lieux et de personnes, mots importants…) : surligne-les en choisissant une couleur pour chaque catégorie d'éléments.

❸ Si tu ne comprends pas certains mots, cherche leur sens dans le dictionnaire.

La civilisation égyptienne

La civilisation égyptienne est née au troisième millénaire avant J.-C. et a brillé pendant 2 000 ans environ. Sur le plan géographique, l'Égypte est formée d'une vallée étroite, la Haute-Égypte, parcourue par un fleuve, le Nil, et entourée de déserts.

Le Nil se termine par un delta qui forme la Basse-Égypte. C'est dans le delta que pousse le papyrus qui sert de support à l'écriture.

La crue du Nil a lieu chaque année de juillet à novembre. En plus de l'eau, la crue apporte une boue fertile, le limon, qui assure de bonnes récoltes aux agriculteurs égyptiens.

D'après L'école du Dirlo, disponible à l'adresse http://soutien67.free.fr/histoire/pages/antiquite/egypte.htm

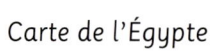

Carte de l'Égypte

Remarque : dans cette leçon, comme il n'y a pas de noms de personnes, on utilise seulement trois couleurs pour surligner : jaune les dates, vert les lieux et violet les mots importants.

Étape 2 • Dessiner la leçon

❶ Prends une feuille blanche, plie-la dans le sens de la longueur puis dans le sens de la largeur. Déplie-la : les plis forment une croix.

❷ Dispose la feuille au format paysage et inscris « 12 » en haut et « 6 » en bas, « 9 » à gauche et « 3 » à droite, comme sur une horloge. La feuille est divisée en quatre quarts.

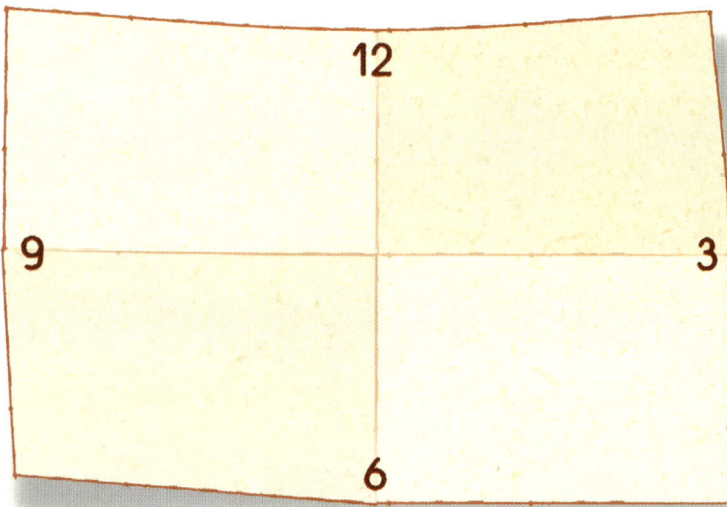

❸ Dans chaque quart, dessine 1 ou 2 grandes informations qui composent la leçon. Remplis le schéma dans le sens des aiguilles d'une montre :
– Dessine une pyramide au centre de la feuille.
Indique à l'intérieur les dates de la leçon.
– Dans le quart supérieur droit, illustre les premières informations importantes de la leçon : les informations géographiques, par exemple.
– Dans le quart inférieur droit, dessine les informations suivantes : celles qui concernent le papyrus et l'écriture, par exemple.
– Dans le quart inférieur gauche, représente les informations suivantes : la crue du Nil, par exemple.
Continue ainsi jusqu'à la fin de la leçon et annote ton schéma avec les mots importants.

Sept, pas plus

Attention : je ne dois pas avoir plus de 7 grandes informations au total sur la feuille. Si c'est le cas, je prends une seconde feuille et je fais un nouveau schéma.

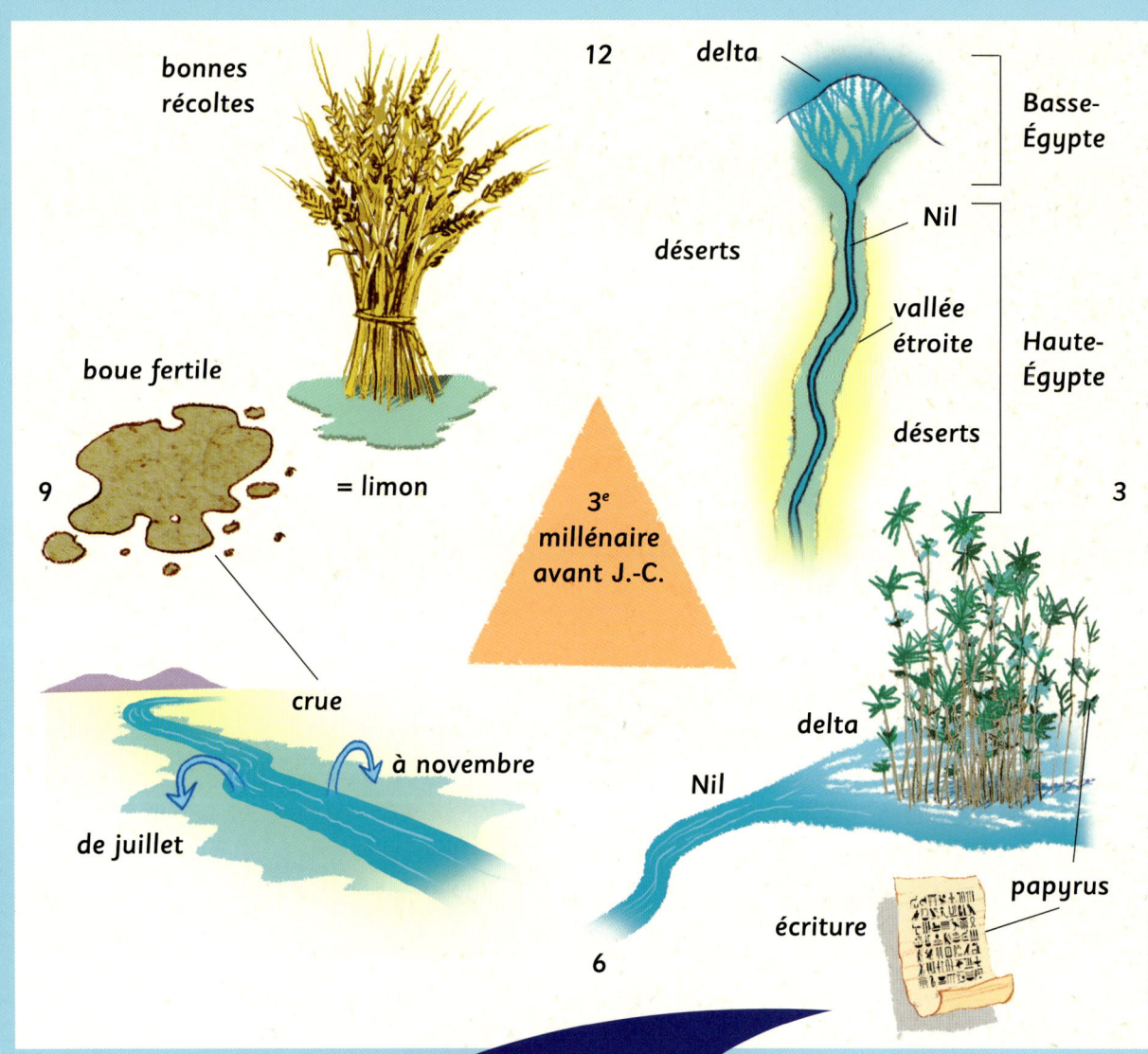

Je n'oublie rien

Grâce à ma première lecture et à mon schéma, j'ai pu compartimenter les informations à apprendre. Surtout les dates, qui doivent toujours s'apprendre indépendamment du reste.
Pour m'assurer que je n'ai rien oublié, je souligne au crayon les éléments que je traite au fur et à mesure. Si cela m'aide, je peux aussi dessiner des flèches entre les différents éléments et mots de la leçon. S'il y a des photos dans la leçon, je peux les annoter.

CONSEILS AUX PARENTS

Combien de temps pour faire tout ça ?

N'oubliez pas que pour un enfant du primaire, 20 minutes par soir suffisent à mener à bien les fameux devoirs. Pour garder le cap, il faut donc bien définir une heure de commencement et une heure de fin.

Votre enfant doit dessiner le plus possible !

Il est essentiel que votre enfant dessine, même s'il ne sait pas bien le faire. Le collage de photos ne serait pas aussi efficace. C'est le dessin qui passe par le geste de la main qui garantit la réussite. Tout peut être dessiné (même mal), tout peut être mimé aussi. Le geste aidera votre enfant à apprivoiser sa leçon et à la comprendre, et cela le conduira à la réussite !

Votre enfant doit abandonner la linéarité

Équipez-vous de feutres de couleur et de grandes feuilles. Votre enfant doit abandonner la linéarité : nous sommes coincés entre la gauche et la droite lorsque nous écrivons, mais un enfant apprend beaucoup plus rapidement s'il laisse sa main dessiner sa leçon au beau milieu de la page. Alors n'hésitez pas une seconde à tester cette méthode pour toutes les matières, votre enfant va adorer !

Au début

Faites le travail sur la leçon avec votre enfant du début à la fin.
Encouragez-le à dessiner et n'hésitez pas à montrer l'exemple : dessinez de votre côté, puis demandez à votre enfant de comparer vos productions.

Progressivement

Laissez votre enfant faire les étapes du travail tout seul : d'abord l'étape 1, puis l'étape 2, puis la totalité du travail. Il aura saisi la mécanique !
Faites-lui confiance et ne vérifiez pas son travail.

CHAPITRE 6

Hugo adore avoir un petit coup d'avance

Tracy a récompensé Hugo pour son assiduité. Notre petit héros s'est appliqué, chaque jour, à ne plus se laisser aller. Il pratique à présent l'autodiscipline à merveille. Il a tenu bon et sait qu'il doit s'obliger à se contrôler pour emprunter le chemin qui mène à la réussite. La jeune Américaine lui a donc offert une médaille d'or en carton qu'elle a fabriquée elle-même, comme celle que l'on remet aux grands champions et aux grandes championnes de sport. Hugo, fier de lui, l'a placée autour de son cou et n'a pas résisté à la tentation de faire un crochet par la salle de bains pour s'admirer dans le miroir. Il est heureux de pouvoir se regarder droit dans les yeux et se souvient des paroles de Sensei juste avant qu'ils se séparent :

– Hugo, tu seras sur le bon chemin lorsque regarder derrière toi ne t'intéressera plus, lui avait dit le maître. Accroche-toi et tu verras, les résultats seront au rendez-vous.

« Ah, si seulement Nina pouvait me voir, et Sensei aussi ! J'ai de la chance en fait », pense le jeune garçon.

Hugo travaille maintenant dans sa chambre. Il a poussé tout ce qui encombrait son bureau. Il a rangé sa trousse, jeté les crayons usagés, jeté les feuilles froissées qui étaient au fond de son cartable. Il a aussi décidé de prendre soin de ses cahiers et de veiller à ne plus les écorner.

Il retire la médaille restée à son cou et, à l'aide d'une petite punaise, l'accroche au-dessus du bureau pour qu'elle soit face à lui lorsqu'il travaille.

« Tracy est géniale, j'adore travailler avec elle », pense notre petit héros.

La porte d'entrée vient de se refermer. Hugo est surpris. Il entend la voix de son père, puis celle de sa mère.

« Comment se fait-il qu'ils soient déjà de retour de leur journée de travail ? Il n'est que dix-sept heures trente ! », se demande-t-il.

Il tend mieux l'oreille :

« Mais ils ne sont pas seuls ! J'entends d'autres voix ! », se dit-il.

Hugo reconnaît ces voix immédiatement : ce sont celles de Lola et Tracy. Il sait qu'il ne doit jamais écouter aux portes, mais là, il ne résiste pas et descend les escaliers sans faire de bruit.

Sa sœur est en train de raconter avec joie qu'Hugo avait fait du sport avec Tracy et elle, et qu'il avait alors l'air vraiment content.

Puis, alors qu'Hugo ne s'y attendait pas, il entend Lola rapporter aussi à leurs parents la discussion qu'il a eue avec Tracy au sujet de l'école.

– Et il ne s'est pas énervé ? demande leur père.

– Non, pas du tout ! répond alors Tracy. Mais c'est peut-être parce que je lui ai expliqué que j'avais, moi aussi, vécu ce qu'il ressentait. Après ça, il a même accepté de faire une séance d'autodiscipline avec Lola et moi !

– Comment ça s'est passé ? intervient leur mère d'une voix inquiète.

– Ah, c'était génial ! s'enthousiasme Lola.

En entendant tout cela, Hugo se réjouit. Il se rappelle alors une petite phrase que Tracy lui a dite pour l'encourager : « La vie, c'est comme le vélo. Pour garder ton équilibre, il faut avancer. »

– Oui, votre fils est un vrai champion ! Et il n'a pas rechigné à travailler cette fois-là, ajoute Tracy.

– C'est fantastique ce que vous nous dites là ! s'exclame le père d'Hugo. Je suis très impressionné, d'autant plus que ce n'est pas simple de faire comprendre à un enfant que, même si l'envie n'est pas là au départ, avec un peu de courage et de rigueur, il peut y arriver et qu'il sera fier de lui quand la leçon du jour sera sue.

– J'ai l'impression que, grâce à vous deux, Hugo a compris qu'il devait en passer par là, non pas pour faire plaisir à quelqu'un, mais pour son bien-être à lui, renchérit sa mère.

Hugo n'en croit pas ses oreilles. Il ne voit pas ses parents, ni Tracy et sa sœur d'ailleurs. Ils sont dans le salon. Il s'avance discrètement pour être le plus près possible de la scène incroyable qui se déroule.

– Vous savez, reprend sa sœur, ce n'est pas simple d'envoyer promener toutes les pensées qui nous encombrent et nous empêchent d'avancer. Hugo nous a aussi expliqué qu'il avait beaucoup de mal à trouver le sommeil, surtout une veille d'évaluation… Il nous a aussi dit, pardon, mais je reprends ses propres mots : « Je suis un gros nul ! » Il était persuadé que tous les efforts qu'il fournissait ne servaient absolument à rien. Il avait perdu le goût d'apprendre à force d'essayer et de ne pas y parvenir. Mais, grâce à Tracy, il va…

À ce moment-là, Hugo, se rapprochant encore un peu du salon, frôle le petit meuble de l'entrée et son coude fait malheureusement tomber le trousseau de clés bien garni de son père.

Silence…

– Hugo, c'est toi ? demande sa mère.

Lola, qui se tient juste à l'entrée de la pièce, se retourne et aperçoit son frère tout près d'elle.

– Non ! s'exclame-t-elle en repoussant Hugo. J'ai bousculé le meuble avec mon pied et j'ai fait tomber les clés, pardon !

Elle reprend :

– Je disais donc que, grâce à Tracy, Hugo va beaucoup mieux ! Moi, je le surveille d'un œil le soir, pour qu'il prenne bien le temps de souffler, précise-t-elle. Il n'est plus en état de stress permanent et sa nouvelle montre l'aide beaucoup.

– Tu fais bien de me parler de cette montre, signale sa mère avec un petit regard noir. Il faut qu'il la rende à Julien…

– Maman ! Laisse-moi finir, s'il te plaît, l'interrompt Lola. Dès qu'Hugo franchit la porte de la cuisine, il enclenche la minuterie de sa montre et il sait qu'il a une petite trentaine de minutes rien que pour lui. Incroyable, non ? Et Tracy l'aide aussi à reprendre confiance en lui avec une chose très simple.

– Laquelle ? demande son père.

– Hugo est doué en dessin, répond Tracy. Alors il met en scène ce qu'il doit apprendre par cœur. Il joue au maître et me pose des questions sur sa leçon comme si j'étais son élève ! Devant nous, il mime, il marche, il dessine et il mémorise vite et bien ! Et il le fait avec plaisir ! Et surtout, depuis hier, Hugo prend de l'avance.

– Comment cela, il prend de l'avance ? demande la mère d'Hugo.

– Depuis le début de la semaine, il ne s'arrête pas à ce qui est écrit dans son cahier : il cherche, renchérit sa sœur.

– Il cherche ? demande son père d'un œil interrogateur.

– Oui, il ne s'arrête plus à sa leçon du jour. Il se documente sur Internet, explique Lola. Un grand bravo à vous, mes chers parents ! Vous avez décidé en famille d'un temps de connexion pour chacun. C'est parfait ! s'exclame-t-elle en se retournant et en adressant un petit clin d'œil à son frère.

– Je pratique l'école inversée ! s'écrit Hugo en bondissant dans la pièce.

– L'école inversée ? reprennent en chœur ses parents, surpris de voir leur fils surgir ainsi.

– Oui, je cherche les questions que la maîtresse pourrait poser. Je me mets dans la peau de l'enseignante. Je joue à être le maître et j'adooooooore ça ! ajoute-t-il en riant.

Les parents sont époustouflés par ce qu'ils viennent d'entendre. Ils n'ont rien remarqué de tout cela. Mais leur sourire en dit long.

Hugo s'est doucement approché d'eux.

– Hugo, un grand bravo ! Je suis fière de toi fiston, lui dit sa mère.

– Moi aussi ! Je t'aime, mon fils, ajoute son père.

Tracy se lève et, d'un pas léger, quitte la pièce, prétextant que son portable n'arrête pas de biper. Pendant ce temps, Hugo, heureux et soulagé, s'approche de la baie qui donne sur le jardin. Non, il ne rêve pas ! Il voit Alba, là-haut dans le ciel, avec Nina sur son dos. Il fonce dans sa chambre et là, il comprend : Nina lui a laissé un petit mot sur son bureau.

Nina ou Tracy ? Tracy ou Nina ?

Tout cela n'a plus d'importance, Hugo.

La seule chose qui m'importe, c'est que tu es mon champion !

Je t'embrasse fort.

                                                   Nina

PS : pas d'inquiétude, Hugo, une surprise t'attend.

– Non ! Ce n'est pas possible, dit Hugo. Elle n'a quand même pas osé me faire ça ? Se faire passer pour Tracy ! Alors là, elle est trop forte la petite fée ! murmure Hugo, avec un petit pincement au cœur.

Sans perdre une minute, il fonce en direction de la chambre qui était réservée à l'étudiante. Sa valise n'est plus là, pas une paire de chaussettes qui traîne. L'armoire est complètement vide. Tracy est bien partie. Hugo a envie de pleurer, mais il se reprend car Nina a écrit « une surprise t'attend. »

« Mais quelle surprise ? », se demande-t-il.

Au même moment, Hugo entend la sonnette de la porte d'entrée. Il sort de la chambre d'ami, descend les escaliers quatre à quatre et ouvre grand la porte.

– *Hello! I'm Tracy! Please to meet you, Hugo.*

« Salut ! Je suis Tracy ! Très heureuse de te rencontrer, Hugo. »

Hugo n'en revient pas. C'est la même jeune fille, copie conforme !

– Mais c'est quoi cette histoire de fou ? demande Lola à son frère, étonnée de voir sa correspondante sur le pas de la porte avec tous ses bagages.

– Un jour, je t'expliquerai, lui dit Hugo. Ce sera notre secret. Mais il faut que tu m'aides pour que les parents n'y voient que du feu. Allez, ma sœur chérie adorée, tu me promets de garder le secret ?

– Hmm, je ne sais pas… Enfin, tu me le demandes si gentiment. J'accepte, mais à une seule condition : promets-moi qu'un jour, tu me diras tout, parce que là, je ne saurais vraiment pas quoi dire aux parents, vu que je ne comprends rien, dit-elle en râlant et riant à la fois.

– Promis, sœurette !

Hugo aperçoit sur le dessus du sac à dos de voyage de Tracy, roulé bien soigneusement, un tapis de yoga.

« Nina est vraiment trop forte ! Quelle chance j'ai de l'avoir comme amie. »

À MOI DE GAGNER ! • 7

Je pratique l'école inversée

OBJECTIF : IDENTIFIER LES ÉLÉMENTS À RETENIR

Il est possible de transformer le temps des leçons en un moment agréable grâce au principe de l'école inversée :
- Je me remémore la leçon et je la raconte.
- J'essaie d'anticiper ce qui pourrait m'être demandé le jour de l'évaluation.
- Je joue au maître ou à la maîtresse en interrogeant mon entourage.

Je me sers de mon travail préparatoire
Si je ne me souviens pas bien de la leçon, je n'hésite pas à reprendre mon schéma (voir p. 54).

Adieu les mauvaises surprises !
En imaginant les questions qui pourraient m'être posées, j'identifie les points à retenir dans chaque leçon. Je prends de l'avance et, comme Hugo, j'apprends de façon efficace, ludique et je suis sur le chemin de la réussite !

L'école inversée

❶ Ferme les yeux et raconte la leçon précédemment illustrée (voir p. 52-54), comme si tu étais face à tes camarades de classe.

❷ Quand tu t'es assuré(e) que tu te souvenais de tout, trouve au moins 5 questions qui pourraient être posées lors de l'évaluation. Par exemple : « Quand la civilisation égyptienne est-elle née ? », « Combien de temps a-t-elle brillé ? ». Dis-les à voix haute.

❸ Pour aller plus loin : tu peux demander à quelqu'un de répondre à tes questions et corriger ses réponses si tu penses qu'elles ne sont pas exactes.

Bonus : tu peux écrire les questions et les réponses pour t'aider à les mémoriser.

CONSEILS AUX PARENTS

« L'école inversée »

Au début, vous devrez peut-être aider un peu votre enfant à formuler ses questions, mais une fois qu'il aura compris la mécanique, il s'y mettra tout seul. N'hésitez pas à lui accorder des points quand il a trouvé une question : une question, ça fait 1 point. Quand il y a une question à double entrée (comme les questions 4 et 5 ci-dessous), ça fait 2 points.

Au début

Demandez à votre enfant de vous raconter la leçon qu'il a travaillée. Vous pouvez le faire le soir même, mais essayez plutôt de le faire le lendemain. Vous verrez, il s'en souviendra très bien et ce sera un vrai moment de bonheur pour lui de vous expliquer.
Rassurez-le : vous êtes là pour l'accompagner, pas pour le juger. Il est capable d'y arriver, rappelez-lui et encouragez-le !

Progressivement

Laissez votre enfant trouver les questions tout seul.
S'il ne vient pas vous interroger de lui-même, proposez-lui de jouer le rôle de l'élève pendant qu'il vous questionne. Comme toujours, encouragez-le !

Des exemples de questions à poser

1. Sur le plan géographique, comment est formée l'Égypte ?
2. Comment s'appelle le fleuve qui traverse l'Égypte ?
3. Vrai OU faux ? La vallée est entourée par de belles prairies.
4. Par quoi se termine le Nil ? Comment nomme-t-on cette partie de l'Égypte ?
5. Qu'est-ce qui pousse dans le delta du Nil ? À quoi sert-il ?
6. Quand la crue du Nil a-t-elle lieu ?
7. Qu'apporte la crue ?
8. Donnez-le nom de la boue.

CHAPITRE 7

Hugo prend de la hauteur

Nina est heureuse.
Elle rit encore du tour qu'elle a joué à Hugo.

– Ah, ah, ah ! Il ne s'attendait pas à cela, chuchote-t-elle à l'oreille d'Alba, qui vole à toute allure dans le ciel, telle une étoile filante les soirs d'été.

« La belle jument est pressée de retrouver son chéri », se dit la petite fée.

Nina s'accroche fermement à la crinière d'Alba quand, tout à coup, une pensée lui traverse l'esprit. Elle tire alors sur la crinière de toutes ses forces pour signaler à la jument qu'elle doit stopper immédiatement sa course folle. Celle-ci obéit.

Nina est en panique :

– Oh non, non, non ! s'écrit-elle. Mais ce n'est pas possible ! Je n'ai plus de tête ou quoi ! Comment ai-je pu oublier Eclador, mon cheval ailé, mon ami de toujours ? Le pauvre, il est resté chez les Terriens ! Il a ramené Hugo chez lui à son retour du Japon et j'ai complètement oublié de lui donner le signal du retour ! Oh, je m'en veux, je m'en veux ! Comment vais-je pouvoir lui envoyer un message de retour au bercail ? Les ultrasons ne vont jamais arriver jusqu'à lui ! Il est là-bas, tout seul et il risque de se faire repérer par des Terriens.

Nina sait que les chefs du programme de **TRANSFORMATION S1** ne la laisseront jamais repartir :

– Ils m'ont prévenue : pas de troisième fois ! « C'est trop risqué pour votre énergie de petite fée. »

Nina a envie de pleurer. Elle enrage. Elle n'aurait jamais dû se transformer pour aller en classe et chez Hugo.

« C'est bien la dernière fois que je faisais ça. Tout est entièrement de ma faute », pense-t-elle.

Alba sent que quelque chose ne va pas. Alors, sans l'accord de la petite fée, la jument se cabre, puis décide de faire demi-tour pour foncer retrouver son compagnon. Nina, couchée sur son dos, a beau lui hurler qu'elle risque gros, qu'elle pourrait même mourir, la jument blanche ne l'écoute pas. Elle fonce droit vers la Terre. Pas question qu'Eclador soit malmené par les Terriens ! Alba est déterminée et n'a pas l'intention de stopper sa course.

Nina, affolée, décide de prévenir les gestionnaires du central et leur envoie un premier message de détresse. Elle est consciente qu'elle risque ainsi de perdre ses pouvoirs et peut-être de se transformer en poussière d'étoile, mais elle ne peut faire autrement…

Pendant ce temps, notre petit Hugo est très occupé. Chaque jour, il met en application les conseils de Sensei, de Tracy, de Lola et de Nina. Sa montre programmable lui permet de beaucoup mieux gérer son temps. Hugo sait bien qu'il est un grand rêveur et que ses pensées l'emportent souvent très loin. Mais depuis quelques jours, il commence à apprivoiser les heures, les minutes et les secondes. Il comprend qu'être le maître de son temps est tout simplement magique. Ainsi, le stress s'efface tout seul.

Avant d'avoir une montre et de rencontrer Sensei et Tracy, Hugo avait l'impression d'être noyé sous la masse de travail qu'il avait à fournir le soir après l'école. Maintenant, il sait combien de minutes il passe à apprendre une petite définition, une poésie ou un chapitre d'histoire. Il est enfin plus serein. Il trouve les bonnes questions à se poser pour vérifier par lui-même qu'il connaît sa leçon, il sait apprendre une définition en la mimant – d'ailleurs, cela l'amuse beaucoup : il s'imagine sur les planches d'une scène de théâtre. Seulement s'il en a envie, il travaille quelques minutes supplémentaires ; cela lui permet de prendre un peu d'avance, et ça fonctionne bien ! En classe, il n'a plus peur de prendre la parole devant les autres, puisqu'il sait. Hugo devient plus responsable de sa vie. Il n'a plus l'angoisse du temps qui ne passe pas assez vite. Il sait maintenant que pour gagner en liberté, il doit continuer sur cette voie.

Ce jour-là, alors qu'il est en train d'apprendre une poésie, sa montre émet un son qu'il ne connaît pas. Instinctivement, il la regarde et constate avec effroi que le cadran est rouge vif ! Puis une deuxième alerte, plus forte que la première, lui parvient. Il lit :

Code rouge. Urgence absolue.

Ni une ni deux, Hugo se lève. Un peu trop rapidement car sa chaise de bureau se renverse. Son cœur s'accélère et, ne sachant pas quoi faire, il se met à tourner en rond comme un lion en cage… Un nouveau message lui parvient :

Nina court un grave danger !

– Mais... Je ne sais pas où elle est en ce moment, s'exaspère-t-il. Ce dont je suis certain, c'est qu'elle est bien repartie sur le dos d'Alba. Je les ai vues dans le ciel...

À cet instant précis, Hugo a une révélation :

– Mais où est passé Eclador ? Il m'a raccompagné de notre visite chez Sensei et je ne l'ai plus revu. Est-il en danger ? A-t-il été capturé ?

Hugo tente alors l'impossible. Il décide d'envoyer un message avec sa montre. Son index tremble, il tape sur la touche **RÉPONDRE** puis écrit :

> **Avez-vous besoin de mon aide ?**

Il guette la réponse. Rien, pas de message... Les secondes deviennent des heures. Alors, n'y tenant plus, Hugo décide d'agir. Il attrape son blouson, remonte sa manche droite pour surveiller si un message apparaît sur sa montre et fonce à l'extérieur de sa chambre.

Eclador l'a déposé dans le petit parc en face de chez lui. Peut-être est-il encore là-bas ? Coincé, blessé, complètement paniqué, se sentant abandonné par Nina... ? La montre sonne à nouveau. Hugo s'arrête net.

> **Activez le GPS de localisation (bouton droit).**

Hugo presse aussitôt le bouton. Une carte apparaît avec un minuscule petit point bleu dessus. Notre jeune héros ne sait pas s'il s'agit de Nina ou d'Eclador, mais il ne va pas tarder à le savoir : le petit point bleu est tout près de lui.

Au même moment, Alba se rapproche de la Terre, mais elle est livrée à elle-même car Nina a perdu connaissance à cause de la vitesse. La jument ne peut pas savoir que notre petite fée risque sa vie. Son unique pensée est de retrouver Eclador au plus vite.

Hugo vient de comprendre : le petit point bleu est là, dans son jardin.

— C'est Eclador ! s'exclame-t-il. J'en suis certain maintenant. Pas étonnant qu'il se soit réfugié là ! Le jardin est un endroit qu'il connaît bien. Il est venu me chercher et me ramener tellement de fois. Comment n'y ai-je pas pensé plus tôt ?

Il descend l'escalier qui mène au rez-de-chaussée, sautant une marche sur deux. Comme une fusée qui quitte la rampe de lancement, Hugo s'engouffre dans le salon, se précipite pour ouvrir la baie vitrée et s'approche, doucement cette fois, vers l'angle gauche du jardin. Eclador a dû se cacher là…

Dès l'arrivée de la famille dans cette maison, le père d'Hugo avait dressé une palissade en bois pour se protéger du regard des voisins. Comme il lui restait quelques planches, il en avait profité pour fabriquer une sorte d'enclos dans lequel il entasse l'herbe tondue durant les beaux jours et toutes les feuilles mortes tombées à l'automne, ce qui l'aide à garder son jardin propre et beau en toute saison.

Hugo, inquiet de ce qu'il risque de trouver dans cet enclos, passe doucement la tête dans l'ouverture et trouve le cheval ailé, couché sur le côté !

Eclador l'a entendu et lève péniblement la tête. Il paraît si triste.

Après s'être assuré qu'il n'était ni malade ni blessé, Hugo lui dit, tout en lui donnant une petite tape sur la croupe :

– Allez, Eclador, sors de là, mon vieux ! Une mission de la plus haute importance nous attend. Nous devons sauver Nina !

Le cheval, les ailes collées contre son corps, obéit. Dès qu'il est sorti de l'enclos, Hugo l'enfourche :

– Allez, mon ami, ramène-moi là-haut, chez toi, et le plus vite possible !

Hugo donne de petits coups de talon sur les flancs du cheval, et Eclador fonce, crinière au vent. Notre petit héros est rassuré de l'avoir retrouvé sain et sauf, et il se sent fort. Il ne veut pas regarder en arrière ; il se dit que cela ne sert à rien.

« Regarde devant toi », lui avait répété plusieurs fois Sensei en précisant avec un petit clin d'œil : « C'est peut-être ainsi que l'on grandit. »

« Hugo, il est important de se sentir responsable de ses actes, de faire preuve de courage comme les grands sportifs », lui avait-il confié juste avant qu'ils ne se séparent.

Hugo a appris ces derniers temps, jour après jour, à gérer ses émotions et à se mettre en « pilotage automatique » pour gagner en force mentale. Maintenant, il croit en lui et en ses capacités. Il sait prendre les bonnes

décisions. Notre petit héros commence à prendre sa vie en main. Bientôt, il le sait, il prendra son envol ! Mais sa montre le rappelle à l'ordre :

> **Recalcul de la trajectoire.**
> **GPS toujours en cours de traitement**

– Ah, non ! C'est quoi encore ce truc ? se demande Hugo à voix basse pour ne pas inquiéter sa monture.

« C'est vrai ! se dit-il, j'ai demandé à Eclador de foncer sur la petite planète de Nina, certain de la trouver là-haut, mais… Et si ce n'était pas la bonne option ? »

Il jette un rapide coup d'œil sur le cadran de sa montre :

> **GPS toujours en cours de traitement**

Hugo prend alors la décision de faire ralentir Eclador. En bon cheval, bien dressé par Nina, celui-ci passe à une vitesse plus raisonnable. Un nouveau bip alerte Hugo.

– Ah, enfin ! marmonne-t-il.

Il lit :

> **Suivez le point bleu. Attention, croisement imminent.**

– « Croisement imminent » ? s'inquiète Hugo. Mais qu'est-ce que ça veut dire ? Nina revient-elle sur Terre ?

Hugo demande à Eclador de virer un peu sur la droite et scrute l'horizon. C'est alors qu'il distingue un petit point blanc qui fonce vers la planète bleue…

À MOI DE GAGNER ! • 8

Je sais ce que je dois faire pour réussir

OBJECTIF : SE METTRE EN PILOTAGE AUTOMATIQUE

Parfois, le stress m'envahit. Je peux le faire disparaître si je me mets en pilotage automatique :
○ Je vérifie que je suis bien la check-list du pilotage automatique.
○ Je suis concentré(e) sur ce que je fais, à la maison comme en classe.
○ Je regarde ma montre pour avoir une idée du temps qui passe, à la maison comme en classe.

La check-list du pilotage automatique

Quand je sais exactement ce que j'ai à faire, je peux passer en pilotage automatique. Pour cela, je vérifie régulièrement la check-list que j'ai préparée.

À la maison :
❶ Je pose mon cartable dans sa cachette.
❷ Je regarde l'heure à laquelle je commence mon goûter et je programme une alarme qui sonnera 20 minutes plus tard.
❸ Ça sonne ! Il me reste 20 minutes pour faire ce que je veux (je programme une nouvelle alarme pour me mettre à travailler ensuite).
❹ Ça sonne ! Je vais chercher mon cartable, je m'installe dans mon endroit idéal, je vérifie ce que j'ai à faire dans mon cahier de textes.
❺ Avant de commencer, je dessine une quinzaine de ∞ dans le vide avec les deux pouces.
❻ Je regarde l'heure... c'est parti ! J'ai 30 minutes pour faire mon travail, en appliquant les conseils d'apprentissage (dessins, mimes, répétition à voix haute...).

❼ Et voilà ! J'ai fait tous mes devoirs et j'ai bien travaillé en me mettant en pilotage automatique : je range tout et je repose mon cartable dans sa cachette. Je le récupérerai demain, au moment d'aller à l'école. Je peux être fier (fière) de moi et aller dîner l'esprit tranquille.

À l'école :
❶ Je regarde l'heure au début du cours et de chaque activité : j'ai conscience du temps qui passe.
❷ Je me concentre. Je m'efforce de porter mon attention uniquement sur ce que le maître ou la maîtresse explique ou demande de faire. Si besoin, je dessine dans le vide quelques répétitions de ∞ avec les deux pouces (voir p. 32) au début du cours.
❸ Je lève la main et je prends la parole devant mes camarades.

En classe, je me lance !

Je lève la main et je prends la parole devant mes camarades. Au début, ce sera difficile, mais il faut que je le fasse au moins une fois dans la journée, puis deux, et rapidement, je serai « l'élève qui participe ». Ainsi, je mettrai toutes les chances de mon côté. Le maître ou la maîtresse sera agréablement surpris(e). L'image que je donnerai sera modifiée et je serai de plus en plus fier (fière) de moi.

CONSEILS AUX PARENTS

Occuper les mains, c'est aussi occuper l'esprit.

Le pilotage automatique, c'est bien, mais il ne faut jamais oublier le lâcher-prise. Notre cerveau a besoin de repos pour progresser. Le sommeil et le rêve y participent beaucoup, mais les loisirs créatifs, comme le bricolage, aussi ! Alors, n'hésitez pas à encourager votre enfant à dessiner, peindre, construire, broder…

Au début

Invitez votre enfant à vous dire combien de fois par semaine, par jour, puis par cours il lève la main pour participer. Vous pouvez symboliser ses progrès par des smileys collés sur le réfrigérateur. Demandez-lui de temps en temps quand il a surpris le maître ou la maîtresse. En l'interrogeant, vous l'encouragez à poursuivre ses efforts.

Progressivement

En appliquant tous les conseils vus précédemment, votre enfant se sentira plus apte à participer, à prendre de l'avance, à travailler tout seul. Pour l'accompagner dans son parcours vers l'autonomie, ne lui demandez plus quelles actions précises il a faites mais s'il s'est mis en pilotage automatique aujourd'hui et quand. Ainsi, vous le guiderez moins, tout en l'encourageant à continuer.

CHAPITRE 8

Un sauvetage dans les airs

Trois bips courts annoncent à Hugo qu'il est quasiment arrivé au point de rencontre. Le jeune garçon demande alors à Eclador qu'il intercepte la course folle d'Alba, qui se rue sur eux. Immédiatement, le cheval se cabre. En bon cavalier, Hugo se penche vers l'avant et place ses mains de chaque côté de l'encolure afin d'éviter qu'Eclador ne bascule vers l'arrière.

– C'est gagné ! crie Hugo. Bravo, Eclador !

Alba les a vus. Elle effectue une magnifique volte et vient se positionner doucement juste à côté de son cheval adoré. Les deux amoureux s'échangent des regards doux, heureux de se retrouver.

Mais Hugo est en alerte. Il trouve anormal que Nina soit couchée sur le ventre. Elle ne bouge plus. Notre petit héros comprend qu'il y a un problème et qu'il doit agir vite, très vite. Heureusement, depuis le cours élémentaire, il a participé à tous les entraînements pour apprendre à porter secours. Il se souvient que la première nécessité est de sécuriser les lieux avant d'intervenir.

« Là, se dit Hugo, je ne peux rien faire de plus, sinon jouer les équilibristes au beau milieu du ciel. »

N'hésitant pas une seconde, il saute au cou d'Alba, se redresse puis se laisse glisser sur son encolure. La tête quasiment collée à celle de Nina, Hugo vérifie si la petite fée respire encore. Ouf ! Il est rassuré : elle respire normalement, elle s'est seulement évanouie.

Comme si une série de diapositives défilait sous ses yeux, Hugo se souvient qu'il doit maintenant mettre Nina en position latérale de sécurité. Mais là, c'est quasiment impossible, sauf s'il demande à Alba de ne plus bouger d'un millimètre. Eclador est venu se coller à elle pour la stabiliser. Alors, délicatement, Hugo place la petite fée comme il l'a appris. Heureusement, Nina est minuscule. Notre petit héros s'active. Alors qu'il termine et remonte le genou gauche de Nina, celle-ci bouge, semble revenir à elle puis se met à parler.

– Hugo, c'est toi ? Que je suis heureuse que tu m'aies retrouvée, chuchote-t-elle à l'oreille de son ami.

– Ouf ! Nina, ça va ? Mais que t'est-il arrivé ?

D'une voix faible, elle murmure :

– Tout est de ma faute, je n'aurais pas dû me dédoubler. Mon petit corps n'a pas supporté le fait que je reparte si tôt vers la Terre. J'ai bien cru que je ne vous reverrais plus jamais.

Tout doucement, Hugo fait signe à Alba de prendre la direction de la petite planète de Nina. Eclador se place à ses côtés et c'est sans encombre que le voyage se termine enfin. La montre d'Hugo est passée du rouge au vert. Un dernier message s'affiche sur l'écran :

Opération terminée. Nina est sauvée !

●●●

Pendant ce temps, Madame Laipoinsurlézi, lunettes sur le bout du nez, s'attaque à la correction des dernières évaluations sur le chapitre de l'industrialisation en France. Elle a pour habitude de trier les copies de la meilleure à la moins bonne. Elle fait toujours des pronostics. Elle cherche donc celle de Justine R., la première de la classe. À la lecture de ses réponses au texte à trous, elle déchante.

Évaluation : CM2 Justine R.

Une invention ……… ✗ ……… la société française de l'époque.

James Bond invente la ……… ✗ ……… en 1900.

Cette invention permet de ……… ✗ ………

qui ……… ✗ ……… le travail des hommes dans les usines.

Les nouvelles machines permettent de ……… ✗ ……… et ……… ✗ ……… vite, et à faible ……… ✗ ………

De nouveaux modes de transport apparaissent.

Citez-en un :

Le TGV

Que transporte-t-il ? Des voyageurs mais aussi ……… ✗ ………

Dès 1850, un important réseau de ……… ✗ ……… et de ……… ✗ ……… couvre le pays.

– Oh, mais que lui est-il arrivé ? Elle a osé répondre « James Bond » ! Elle se fiche de moi ou quoi ? grommelle tout haut Madame Laipoinsurlézi, furieuse. Cela ne lui ressemble pas du tout. Soit elle n'a rien mis, soit elle a noté des absurdités et a eu droit à mon signal ✗, qui signifie : « N'a pas compris la question ou a répondu n'importe quoi ».

Pour se calmer, elle passe en revue quelques évaluations et trouve celle de notre petit héros. À sa grande surprise et après une lecture rapide, elle constate qu'Hugo a écrit toutes les bonnes réponses. Incroyable ! Quels progrès fulgurants !

> Évaluation : CM2 Hugo G.
>
> Une invention révolutionne la société française de l'époque.
>
> James Watt invente la ..... machine à vapeur ..... en 1763.
>
> Cette invention permet de .... créer de nouvelles machines .... qui .... remplacent .... le travail des hommes dans les usines.
>
> Les nouvelles machines permettent de .... produire plus .... et .... plus .... vite, et à faible ...... coûts ....
>
> De nouveaux modes de transport apparaissent.
>
> Citez-en un :
>
> Le train
>
> Que transporte-t-il ? Des personnes mais aussi des marchandises.
>
> Dès 1850, un important réseau de .... voies ferrées .... et de .... gares .... couvre le pays.

Madame Laipoinsurlézi se doit d'ajouter un « s » à « gares » puis place la copie d'Hugo sur le haut de la pile. Elle a bien l'intention de lui faire la surprise… Mais ce qu'elle ne sait pas, c'est qu'Hugo n'a pas eu à vérifier s'il avait ou non les bonnes réponses. Pour la première fois de sa vie, il savait qu'il avait tout bon !

Entre-temps, Lola et Tracy (la vraie) discutent beaucoup et visiblement elles s'entendent à merveille. Elles ont parlé d'Hugo. Lola l'aime tellement fort qu'elle veut absolument l'aider. Avec Tracy, elles cherchent un petit jeu qui pourrait leur permettre de savoir si Hugo se projette dans l'avenir, s'il a un souhait pour un métier qui lui plairait. Bref, elles se creusent la tête... Tracy a une idée !

– Lola, chez moi, dans le Nebraska, nous avons un jeu avec des dés pour poser des questions sur notre vie.

Lola trouve l'idée sympathique et, d'un commun accord, les deux jeunes filles font une liste de thèmes et préparent des petites cartes avec des questions qui correspondent à chaque thème. Ainsi, elles auront l'occasion de mieux connaître Hugo et surtout de l'aider en fonction de ses réponses. Évidemment, elles se prêteront aussi au jeu...

Au même moment, Hugo est sur la planète Formosa aux côtés de Nina, qui se remet de ses émotions. Elle est rassurée d'avoir autour d'elle Hugo, Eclador et Alba.

– Ah, merci ! Merci du fond du cœur, mes amis. J'ai bien cru que ma dernière heure était arrivée, soupire la petite fée.

Alba baisse la tête...

– Oui, oui, tu peux baisser la tête, Alba ! lui dit Nina. Je ne suis pas en colère contre toi, je sais que tu as voulu sauver Eclador, mais quand même, tu me dois obéissance ! Tu ne peux pas filer à toute allure où tu veux quand je suis sur ton dos !

Alba émet un très faible hennissement.

– Ah, tu me demandes pardon, ma belle, traduit Nina. Je te l'accorde. Mais à partir de maintenant, Eclador et toi, je vous aurai à l'œil.

Eclador semble heureux de cette rapide réconciliation et les chevaux, bien serrés l'un contre l'autre, prennent la direction des pâturages.

– Fin de l'histoire pour aujourd'hui ! s'exclame Nina. Ce soir, Hugo, je te garde avec moi. J'ai besoin de ta compagnie après mon malaise. Tu veux bien rester ? Ne t'inquiète pas pour tes parents, j'ai activé un programme SOMMEIL SANS SOUCI , ils ne se poseront aucune question.

Hugo lui sourit et lui répond :

– Bien entendu, Nina, je reste avec toi. Nous sommes amis pour la vie. Depuis notre toute première rencontre, je sais que je peux compter sur toi, ma petite fée adorée. Maintenant, c'est à mon tour d'être là pour toi !

Hugo est épuisé et s'apprête à s'endormir. Nina attend quelques instants que son petit compagnon plonge dans un sommeil profond. Alors, elle se lève et active le programme S2 :

RAPATRIEMENT PAR TÉLÉPORTATION

Sans s'en apercevoir, Hugo est devant chez lui. À peine a-t-il poussé la porte d'entrée qu'il entend rire Lola et Tracy.

À MOI DE GAGNER ! • 9

Je galope, je saute, je gagne

OBJECTIF : APPRENDRE À MIEUX SE CONNAÎTRE EN FAMILLE

Ce jeu se joue à plusieurs et permet d'apprendre à mieux se connaître. Parents, enfants, grands-parents, frères et sœurs, etc.... tout le monde en sait un peu plus sur les autres à la fin de la partie. Comment jouer ?
- Je comprends les règles.
- Je construis le plateau de jeu et les cartes des questions.
- Je m'amuse en famille.

Les règles du jeu

- Chaque joueur choisit un pion et se place sur la case « Départ ».
- Les joueurs lancent un dé à tour de rôle : celui qui fait le plus grand chiffre commence, les autres jouent ensuite dans l'ordre des aiguilles d'une montre.
- Avant de commencer le jeu, tous les joueurs élisent le maître du temps : il posera les questions, retournera le sablier et indiquera quand le temps pour répondre est écoulé.
- Le joueur dont c'est le tour lance les dés et avance du nombre de cases correspondant. Exemple : « Je fais deux 4, ça fait 8, je vais à la case 8. »
- Arrivé sur la case, le joueur doit répondre à la question correspondante. Case 8 : « Quel livre as-tu adoré ? Pourquoi ? » Si c'est une question « sablier », le joueur a 1 minute pour réfléchir. S'il n'arrive pas à répondre (et/ou dépasse le délai imparti pour une question « sablier »), il recule de 4 cases.
- Le premier joueur arrivé à la case 24 a gagné !

Construis le plateau du jeu

❶ Sur la feuille, dessine 24 cases et numérote-les de 1 à 24. La numérotation doit se suivre.

❷ Prépare les cases spéciales :
– **Avant la case 1 :** dessine une ligne de départ.
– **Case 7 :** c'est la case « Chance ». Le cheval bondit jusqu'à la case 13.
– **Case 10 :** le cheval refuse de sauter et s'enfuit. Il retourne à la case « Départ ».
– **Case 14 :** le cheval saute haut et atterrit trois cases plus loin !
– **Case 21 :** le cheval a fait une faute d'obstacle et retourne à la case 17.
– **Case 24 :** c'est la ligne d'arrivée !

❸ Décore le reste du plateau en y dessinant des obstacles, des haies, tout ce que tu veux pour le rendre encore plus beau !

❹ Trouve des pions ou fabriques-en : tu peux récupérer des bouchons en liège, les couper en deux et les peindre dans des couleurs différentes.

❺ Trouve deux dés et un sablier. Le sablier permettra de mesurer le temps que les joueurs ont pour répondre aux questions longues, dites « sablier » : maximum 1 minute.

> *Matériel pour construire le plateau du jeu*
> • Une feuille cartonnée format A3
> • Des feutres de couleur
> • Des bouchons en liège
> • De la peinture
> • Deux dés
> • Un sablier

Crée les cartes des questions

- Découpe 24 cartes dans le papier cartonné.
- Trouve 24 questions à écrire sur les cartes. Ces questions doivent interroger les joueurs sur leur vie.
- Les questions « sablier » sont indiquées par un astérisque (*).

Exemples :

1. Qui est ton (ta) meilleur(e) ami(e) en ce moment ? Donne son prénom.
2. Quel est ton dernier rêve ? Raconte-le.*
3. Quel est le moment le plus heureux de ta vie ? Raconte-le.*
4. Quel est le titre du dernier livre que tu as lu ?
5. Quel objet as-tu perdu dernièrement ?
6. Qu'est-ce qui te fait vraiment peur dans la vie de tous les jours ? Explique rapidement.*
7. Penses-tu avoir de la chance dans ta vie ?
8. Quel livre as-tu adoré ? Pourquoi ?*
9. Quelle est ta saison préférée ? Pourquoi ?*
10. Qu'est-ce que tu détestes le plus à l'école / au travail ?
11. Quel est ton programme préféré à la télévision ?
12. Aimes-tu nager dans la mer ?
13. Quel est le dernier cadeau que tu as reçu ?
14. Quel mot te fait rire ?
15. Quelle est ta chanson préférée ? Fredonne le refrain.
16. Aimes-tu cuisiner ?
17. Quelle chose ne feras-tu plus jamais ?
18. Quel est ton plat préféré ?
19. Qu'aimerais-tu avoir que tu n'as pas ?
20. Qu'as-tu fait ou obtenu qui t'a rendu fier (fière) de toi ? Pourquoi ?*
21. Quel métier souhaites-tu faire plus tard ? Pourquoi ?*
22. Quelle est la matière que tu détestes le plus en classe ? Pourquoi ?*
23. As-tu ou aimerais-tu avoir un animal de compagnie ? Si oui, lequel ? Pourquoi ?*
24. Si tu étais magicien(ne), que ferais-tu apparaître là, maintenant ?

- Écris les questions et décore les cartes.

Matériel pour construire les cartes des questions

- Du papier cartonné à découper
- Des stylos et des feutres de couleur

CONSEILS AUX PARENTS

Au début

Si votre enfant a du mal à répondre à une question, encouragez-le.

Progressivement

24 questions, c'est un maximum pour jouer avec un plateau de 24 cases.
Mais si vous décidez de construire un plateau plus grand avec plus de cases, vous pouvez avoir plus de cartes et augmenter la durée du jeu.
Changez les questions régulièrement pour renouveler le jeu.

ÉPILOGUE

En cette fin de journée, Hugo est retourné à l'enclos au fond de son jardin. Il a envie de revivre en pensées l'aventure incroyable qu'il vient de traverser, le sauvetage de la petite fée Nina. Il sait que cet épisode restera à jamais gravé dans sa mémoire. Hugo s'assoit en tailleur à l'endroit précis où était couché le cheval.

– J'aime enfin ma vie ! crie-t-il très fort. Et tant mieux si vous m'entendez, les voisins !

Il sourit et se sent apaisé. Le stress journalier a enfin quitté son corps et sa tête. Hugo respire beaucoup mieux. Il a compris qu'inspirer par le nez est essentiel et permet d'envoyer régulièrement de l'oxygène au cerveau. Immobile, il arrive parfaitement à visualiser la scène. Il imagine plein de petites bulles transparentes qui arrivent en rafales dans sa tête. Hugo est fier de lui, il se sent enfin soulagé, plus léger.

Il y a encore quelques jours, notre petit héros avait envie de tout envoyer promener. Découragé et blessé de ne pas arriver à montrer aux autres qui il était vraiment.

– Tout cela est derrière moi, maintenant, soupire-t-il avec bonheur. Je le sais, je le sens. Une page de ma vie est tournée, définitivement !

Il ferme les yeux, inspire et se revoit chez Sensei, dans ce lieu magique et magnifique, avec ce personnage vêtu d'un kimono :

– Il m'a vraiment marqué, dit-il tout bas. Jamais je ne l'oublierai. Il a su me parler. Aujourd'hui, je me sens vivant et heureux !

Soudain, comme si Sensei venait de lui adresser un message à distance, Hugo se lève. D'un pas décidé, il se précipite vers le garage.

– Non, non et non ! Ce ne sont pas des calculs de mètres carrés qui vont m'arrêter ! Tout ça, c'est derrière moi, maintenant. Aujourd'hui, je fais le serment de terminer ma cabane. Elle sera mon refuge, mon petit coin de paradis.

Puis le garçon se met à l'œuvre. Il sort une à une les planches de l'escalier et commence à les assembler. Il sait se servir de la visseuse, son père lui a appris. Il lui a aussi montré comment ne pas se blesser et ainsi, il peut travailler seul et en toute sécurité.

– Je pourrai y manger et même y dormir les soirs d'été, dit-il. Je verrai probablement les étoiles filantes qui traverseront le ciel au mois d'août. Moi, Hugo, je me fais la promesse qu'à la première étoile filante, je ferai un vœu pour Nina !

Il lève alors la tête pour regarder le chantier de sa cabane perchée.

– Oh, mais… c'est incroyable ! Elle est quasiment terminée.

L'unique petite fenêtre a maintenant une vitre et la porte d'entrée est aussi installée. Hugo saute comme un petit cabri. Il crie de joie, tout en effectuant une danse :

– Merci, papa ! Merci, papa !

Il sait que son père l'aime très fort. D'ailleurs, celui-ci a sûrement pris la décision d'avancer le chantier sans lui vu les progrès qu'il a faits en si peu de temps. Il le remerciera chaleureusement dès qu'il rentrera du travail.

Hugo assemble les tasseaux de bois un à un et l'escalier prend forme. Mais soudain, il est alerté par des cris :

– Hugo ! Hugo ! crie Lola par la fenêtre de sa chambre.

– Oui, répond-il gentiment.

– Peux-tu monter, s'il te plaît ? On voudrait tester un nouveau jeu avec toi.

Puis il entend Tracy :

– Allez, viens, Hugo, monte !

Hugo sourit.

– Allez, s'il te plaît, petit frère adoré, viens, reprend Lola.

Hugo s'est arrêté net :

– C'est bien la première fois que ma sœur me dit qu'elle m'adore, chuchote-t-il.

Il sourit, mais il n'est pas dupe. Notre héros sait bien que les filles ne l'appellent pas pour faire une partie d'échecs à trois. Heureux toutefois d'être ainsi prié de les rejoindre, il se sent pousser des ailes et traverse le jardin à grandes enjambées, puis grimpe l'escalier d'un bon pas.

« Pas de temps à perdre, se dit-il. Ma cabane m'attend. »

Arrivé devant la porte de la chambre de Lola, il frappe et entre directement. Il est surpris de trouver les deux amies assises en tailleur sur le tapis de la chambre. Sourire aux lèvres, elles tiennent chacune un paquet de petites cartes blanches. Impossible pour Hugo de deviner ce qu'elles ont derrière la tête. Lola lui dit :

– Hugo, ce jeu, nous l'avons inventé pour toi, mais aussi un peu pour nous. Tu sais, même les parents pourront y jouer. D'ailleurs, j'ai hâte de connaître leurs réponses, dit-elle en pouffant de rire et en regardant Tracy.

– Assieds-toi, Hugo, lui demande-t-elle ensuite.

Son frère prend place.

– Je suis prêt à tout ! s'exclame Hugo.

– À toi l'honneur ! le met au défi Lola.

Elle ouvre sa main droite et lui tend deux dés. Hugo les prend délicatement.

– Allez ! lui dit Tracy, lance-les très haut !

Hugo prend son temps. Il souffle trois fois sur les dés, les fait rouler dans le creux de sa main droite, puis les lance en l'air. Les dés atterrissent aux pieds de Lola.

– Ouah ! Les filles, regardez ça ! Deux six. La chance est avec moi ! Incroyable !

Mais à peine son cri de joie terminé, Hugo a la vue brutalement brouillée. Il ne comprend pas du tout ce qui est en train de se passer. Tracy, Lola et lui se retrouvent au beau milieu d'un nuage de fumée qui remplit la pièce à très grande vitesse. Puis c'est le flou total. Hugo ne voit plus ni Lola ni Tracy !

– Eh ? Oh ? demande-t-il. Que se passe-t-il ici ? Vous êtes où, les filles ?

Aucune réponse. Hugo se frotte les yeux, il sent que sa respiration est de plus en plus saccadée. Il devient tout mou, se sent tout bizarre… Quelque chose ne va pas.

Pendant ce temps-là, personne n'a vu Nina se faufiler sous la porte de la chambre.

« Ah ! j'ai bien réussi mon coup », pense-t-elle, assise sur la poutre centrale de la charpente apparente, les pieds ballants. Puis elle agite vigoureusement sa baguette magique :

– Ouvrez les yeux maintenant ! prononce-t-elle tout bas.

Hugo est le premier à reprendre ses esprits. Il est couché sur un plancher en bois qu'il ne connaît pas. Il relève doucement la tête et regarde autour de lui. Lola et Tracy sont assises en tailleur autour d'une jolie petite table basse en bois massif. Hugo ne la reconnaît pas. Quant à Lola, elle tient encore le petit paquet de cartes blanches dans sa main. Les dés sont posés au milieu du plateau de la petite table et affichent toujours les six.

– Hugo, mais que se passe-t-il ? Je n'y comprends rien… Où sommes-nous tous les trois ? Que s'est-il passé ? demande-t-elle.

Hugo a bien une petite idée, mais il n'ose pas y croire :

– Je crois que… Oui, enfin, je me doute mais… Euh… Nous… Nous sommes…

Il lève alors les bras au ciel et s'écrie :

– Bienvenue dans ma cabane, les filles ! Je vous avais bien dit que les six portaient bonheur.

Nina n'a rien manqué de la scène. Fière de son dernier petit coup de main, elle sourit et se glisse sous la porte de la cabane perchée. Elle est rassurée. Hugo est son petit héros. Il saura réussir sans elle maintenant.

– Hugo, dit Lola d'un air inquiet. Maintenant explique-nous comment tu as pu réaliser cet incroyable tour de…

Mais Lola ne termine pas sa phrase. Quant à Tracy, pas un son ne sort de sa bouche, elle semble déboussolée.

Hugo a compris. Il la connaît bien maintenant, sa petite *fée* adorée. Nina, d'un petit coup de baguette magique, a effacé l'événement. Ni Lola ni son amie Tracy ne se souviendront de cet étrange moment.

– Bravo, Nina ! Tu n'es pas une fée, tu es la reine des fées ! dit-il tout bas avec un petit sourire en coin.

Hugo est vraiment heureux d'être enfin dans sa cabane, terminée et décorée. Il jette un petit coup d'œil par la fenêtre. Trois petits cœurs se dessinent dans le ciel. Il le sait : c'est l'adieu que lui fait Nina. Il se retourne vers Lola et Tracy :

– Alors, ce jeu, on s'y met les filles ?

Mais celles-ci ne répondent pas. Hugo a très envie de rire, mais il se retient. Il prend alors les dés dans sa main, souffle trois fois dessus et les jette haut et fort. Les dés atterrissent sur le plancher, roulent et disparaissent entre deux planches mal jointées.

– Oh, non ! s'écrie Hugo, qui se précipite vers la porte.

Surpris, il s'arrête net. L'escalier est terminé et les sept petites marches sont là, devant ses yeux. Hugo sourit. Il sait.

– Hugo, mon fils, tu es là ? demande son père, qui vient de rentrer plus tôt de sa journée de travail.

Hugo apparaît en haut de l'escalier.

– Je suis tellement fier de toi, reprend son père. Bravo ! Ton escalier est bien droit et les marches parfaitement régulières. Il est parfait ! Oui, j'insiste, vraiment parfait ! lui dit-il en ouvrant grand les bras. Je suis heureux que mon ami Marcel ait pu terminer ta cabane perchée. Il m'avait promis de passer. C'est un chic type ! Vraiment !

Hugo sourit :

« Son copain Marcel ? Non ! C'est encore un petit coup de main de Nina », pense-t-il.

Sa mère, qui les a rejoints, se réjouit de la scène qui se passe sous ses yeux. Elle s'approche et, lentement, ouvre sa main droite.

– J'ai trouvé deux dés par terre, dit-elle en les lui montrant.

Hugo sourit de nouveau. Cette fois encore, les faces annoncent deux six ! Il sait maintenant que tout ira bien dans sa vie. Ses parents, sa sœur, Tracy et Nina veillent sur lui.

Notre ami est toutefois un peu triste que la petite fée soit repartie si vite. Alors, comme pour lui dire au revoir, il lève les yeux vers le ciel bleu sans nuages. À cet instant, une fumée blanche dessine ce message :

« Prends soin de toi ! À bientôt, Nina. »

Accompagnez votre enfant dans son apprentissage avec les ouvrages d'Anne-Marie Gaignard

Une série de contes ludiques et bienveillants pour emmener vos enfants vers **la réussite scolaire de 7 à 11 ans !**

Pour maîtriser les fautes d'accord
Hugo et les rois Être et Avoir

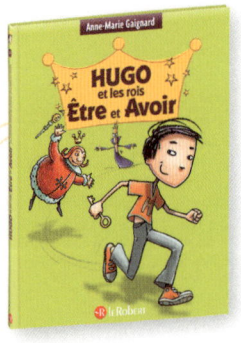

Pour maîtriser les mots difficiles
Hugo et la roue des mots difficiles

Pour s'entraîner !
Les cahiers (existent en 3-en-1)

Pour savoir se concentrer
Hugo et les clés de la concentration

Pour mémoriser facilement et durablement
Hugo et les secrets de la mémoire

Pour en finir avec les fautes d'orthographe
Hugo et la machine à remonter les mots

Retrouvez aussi les formations d'Anne-Marie Gaignard sur Zeneduc.com

En savoir plus sur www.lerobert.com